徳川家康と日光東照社

田邉　博彬

随想舎

はじめに

昨年、日光東照宮は古式にもとづき四百年式年大祭を挙行した。下野新聞社も「聖地日光」を連載し県民の注目を集めた。今年は現在の暦で徳川家康公が亡くなってからちょうど四〇〇年目にあたる。戦国の世に終止符をうち戦争のない平和な日本を築いた徳川家康公の偉業はあまりにも大きく、それだけに江戸時代から現在に至るまで多くの書物が出版されてきた。なかには著者の考えや誤った伝承、あるいは特定人物を賞賛するあまり事実が歪められてしまうケースも多々見受けられる。

そこで私は、もう一度原点に立ち返って整理してみる必要があると思い、当時書かれた日記や書状をもとに本書を執筆することにした。

歴史を専門に学んだ経験もなく、家康公の神号論争から四〇〇年も過ぎた時代に生きる私が、当時の状況を私の主観で論述するのはあまりにも無謀と思えたからである。

第一章は徳川家康公の一生を取り上げた。家康公がどのようにして戦国の世を生き抜いたか、またいかなる人物と出会ったか、そして彼らが家康公の病気発症から日光に御廟を建てるまでの間にどう関わったかを知るためである。

第二章からは史料の信頼度をもとに史料のランク付けをした。当時現場にいた著者が記した史料を一次史料とし、元和の匂いが残る一六〇〇年代の史料は二次史料として一次史料を補完することにした。その後の江戸時代に成立した史料は三次史料とみなし参考程度にとどめ、根拠が示されていない明治以降の編さん物は史料として扱わないことにした。

第二章は家康公が病を発症してから久能山に葬られるまでの経過をたどった。次の第三章は天海の異議申し立てによる神号論争から秀忠の決断による幕府内の権現号決定、天海による朝廷との交渉と東照大権現号の決定までを明らかにした。

第四章は日光東照社の縄張りから造営が完成するまでの経過を追い、また久能山から日光山に家康の柩が移送され廟窟に納まるまでの経過を公卿の紀行文をもとに論述した。

第五章は遷宮の祭儀や法事に立ち会った公家衆の日記によりその経過を明らかにし、最後の六章は現在見ることのできない元和東照社の再現に挑んだ。

本書は一般の人でも理解できるように専門用語を極力使わないようつとめた。また後に続く人たちのため随所に原文を紹介し、原文ごとに解説を加えた。それでも難解な場面に出会うかもしれない。私の表現力の限界と思ってご容赦願いたい。

収集できた一次史料だけでも丹念にひもといていくと、真実が見えてくる。また私たちが知らなかった事実も浮かび上がってきた。紹介はこれまでにしてまずはご一読願いたい。

なお本書は学術上家康公を家康とし、東照大権現御廟の東照社はその所在を明らかにするため日光東照社に統一した。

二〇一六年四月

徳川家康と日光東照社

目次

徳川三代略系図

- 家康（母・於大の方）
  - 信康（母・築山殿）
  - 亀姫（母・築山殿、奥平信昌室）――奥平家昌（宇都宮城主）
  - 督姫（母・西郡の方、北条氏直室、のち池田輝政室）
  - 秀康（母・お万の方）
    ◎越前松平家祖
    - 忠直
    - 忠昌
    - （略）
  - 秀忠（母・お愛の方）
    - 千姫（母・お江与の方）
    - 子々姫（〃）
    - 勝姫（〃）
    - 長丸（〃）＊
    - 初姫（〃）
    - 家光（〃）

忠吉（母・お愛の方）
振姫（母・お竹の方）
信吉（母・お都摩の方）
忠輝（母・お茶阿の方）
松千代（母・お茶阿の方）＊
仙千代（母・お亀の方）＊
松姫（母・間宮氏）＊
義直（母・お亀の方）
◎尾張徳川家祖
頼宣（母・お万の方）
◎紀伊徳川家祖
頼房（母・お万の方）
◎水戸徳川家祖
市姫（母・お勝の方）＊

忠長（〃）
和子（〃）
保科正之（母・お静の方）
◎会津松平家祖

＊印…早世

関東・東海国図

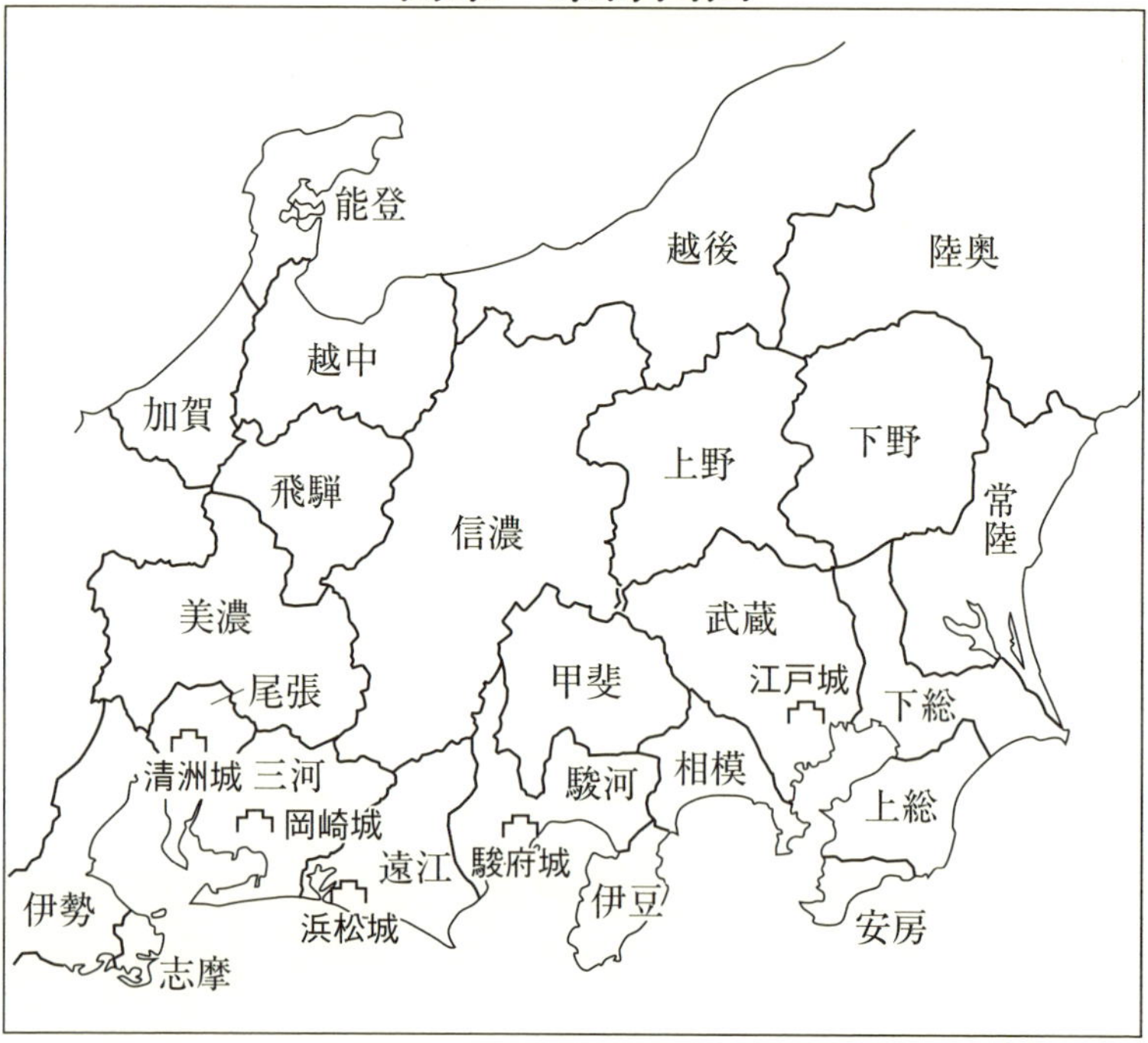
能登
越後
陸奥
越中
加賀
飛騨
上野
下野
常陸
信濃
美濃
武蔵
尾張
甲斐
江戸城
下総
清洲城
三河
相模
駿河
岡崎城
上総
遠江
駿府城
伊勢
伊豆
安房
浜松城
志摩

徳川家康と日光東照社

第一章　徳川家康の生涯

1　誕生と尾張人質時代（一五四二〜四九）

徳川家康は天文十一年（一五四二）寅年の十二月二十六日、三河国岡崎城内（愛知県岡崎市）に生まれた。父は松平広忠一七歳、母は三河国刈谷城主水野忠政の娘於大一五歳であった。家康の幼名は竹千代、祖父清康と父広忠も竹千代と称したことから、先例によって引き継がれた幼名である。

天文十一年は壬寅の年であった。生まれた時刻は寅刻（午前四時頃）とされ、三河鳳来寺の薬師十二神将のうちの寅神の姿がその時刻に忽然として消えたという面白い伝説がある。また、これより九〇年余り後に完成した「東照社縁起」によれば、父広忠が立派な男児を授かるようにと、当時子授けの薬師如来として評判の高かった鳳来寺峰の薬師に参籠し祈願したところ於大が懐妊したというが、これも伝説の域を脱していない。

鳳来寺は現在の愛知県新城市門谷に現存する。寺伝によれば大宝三年（七〇三）に山城出身の利修が薬師如来を本尊として祀ったのが始まりとされているが、幾多の火災により不詳の点が多い。中世後期までは天台宗延暦寺末であったが、近世初期に真言宗に属するようになった。慶安四年（一六五一）に山内に東照宮が造営されると天台・真言両宗となったようである。

竹千代が生まれた翌年の天文十二年二月三日、於大は三河妙心寺に薬師如来の銅像一体を奉納して、二歳の春を迎えた竹千代の長命を祈願したという。（「妙心寺由緒略記」）

薬師如来は東方浄瑠璃世界の教主で正しくは薬師瑠璃光如来というが、一二の誓願を発して衆《しゅ》生《じょう》の病を救い、長く患っている病魔を治す仏とされ、いつも左の手の上に薬壺を載せている。家康の死後、東照大権現の本地仏として薬師如来が選ばれたのもこのような伝承を受けてのことであろう。

竹千代誕生当時の松平家は、駿河国今川氏と尾張国織田氏との両勢力に挟まれた弱小大名であり、今川氏を頼っていた。於大の父水野忠政が天文十二年に亡くなると、翌天文十三年に於大の兄水野信元が織田方へ走った。そのため広忠は於大を離縁し、実家の刈谷城へ送り返した。

竹千代六歳のとき、広忠は信長の父尾張の織田信秀と戦うはめになり、今川義元の救援を得ようと竹千代を人質として差し出そうとした。ところが竹千代を駿府の今川氏に送る途中、三河国田原城主の外祖父戸田康光に背かれ織田信秀のもとにさらわれてしまった。

2　駿府人質時代（一五四九～六〇）

竹千代が八歳となった天文十八年（一五四九）、父広忠が家臣の岩松八弥に殺害される事件が起こり、岡崎城は今川氏の管轄下に置かれるようになった。

その後今川義元は織田氏の安祥城を攻略して信秀の庶子信広を捕らえ、この信広との人質交換で竹千代は今川氏の駿府城に移された。この人質交換を成功させたのが竹千代の師匠となる駿府臨済寺の名僧雪斎和尚こと今川氏の武将太原雪斎《たいげんせっさい》である。

これから駿府で過ごす人質生活は屈辱と忍従の日々を過ごしたといわれているが、雪斎和尚によって竹千代は自身の人格形成に大きな影響を受けた。竹千代の才能を見抜いた今川義元は、竹千代を今川家の重要な武将として育てるため、義元の師であり軍学にも長けた当代一流の名知識者である雪斎を師につけ、英才教育をほどこしたのである。家康がのちに海道一の弓取り、つまり戦上手と評され、領国経営や人事管理、国家経営にすぐれた能力を発揮するようになるのも、その下地は人質時代における英才教育にあったといわれている。

年はわからないが五月五日節句の日に、近侍の肩に背負われて安倍河原で子供の石合戦を見物したときの有名な話がある。一隊は三〇〇人余り、一隊は一四〇～一五〇人ばかり、人々はみな多数の方に行こうとした。すると竹千代は、「われは小勢の方に行かん。小勢の方の人は自ら志を一決して恐怖の念なく、隊伍もいとよく整ふものぞ」と言ったので侍は不思議に思ったところ、合戦が始まると間もなく、多勢の方は一支えもなく敗走し、その方に行った見物衆は、人なだれに押しすくめられてかろうじて逃げた。伝聞した者たちはことごとく「お年のほどにも似つかはしからぬ御聡明の御事かな」と感歎したという。（故老諸談）

年号が改まった弘治元年（一五五五）、一四歳になった竹千代は元服して名を松平元信と改めた。この年、師匠の雪斎和尚が死去した。

翌弘治二年、元信は七年ぶりに岡崎に帰った。故郷の祖先の墓に詣で亡き父の法要を営み、また残してきた家臣に会いたいと義元に申し出て許しをえたのである。

当時の岡崎は今川氏から派遣された城代により領民は過酷な年貢や労役に駆り出され貧困にあえいでいた。家臣たちも同様に逆境を耐え抜いていたのである。

元信の帰りを待ちわびていた岡崎の譜代の家臣たちは相喜んで迎えた。そこに老臣の鳥居忠吉が進み出て元信の手を引き忠吉の蔵に案内した。蔵には米穀・私財等があった。忠吉は、「ここにあるものは我が君がご帰国し、御出陣あるときのために用意したものです」と老眼に涙を流して言えば、元信は、「幼いときより深い志を尽くして養育してくれた恩に感謝する」と忠吉に懇《ねんごろ》の言葉をかけた。また忠吉は銭蔵に行って元信に竪《たて》に積んだ十貫文銭を見せ、「こうしておけば、横に積んだのと違って壊れることはない」と教えた。家康は老後に至ってもこの方法を用いたという。（「鳥居家譜」）

忠吉は元亀三年（一五七二）に亡くなるが、家督は三男の元忠が相続した。元忠は天文二十年

（一五五二）、家康が一〇歳のときに駿府に行って近侍するようになり、その後幾多の戦いに参戦し、最後は関ヶ原合戦の前哨戦である伏見城の戦いで壮絶な最期を遂げた。まさに親子ともども典型的な三河武士であったといえよう。

弘治三年（一五五七）、元信は関口義広の娘（名は不詳。のちの築山殿）を娶り、この頃から元康を名乗るようになる。

年号が改まった永禄元年（一五五八）、元康に初陣のときが来た。元康は義元の命により再び岡崎に帰り、岡崎衆を率いて加茂郡寺部の城主鈴木重辰を攻めた。このとき老臣たちは元康の名将ぶりに感激し、駿府に赴いて元康を岡崎に帰還させるよう嘆願した。しかし、義元はこれを認めなかった。翌永禄二年、嫡男信康が誕生し竹千代と名づけられた。

この頃、義元の領地は駿河・遠江のほか三河を保護下におき、尾張の織田領にも浸食する勢いであった。そして元康が人質から解放される永禄三年（一五六〇）が来た。

五月十二日、義元は二万五〇〇〇の軍勢を率いて駿府を発った。途中で合流する遠江や三河の軍勢を合わせると四万の大軍になる。この日は藤枝に泊まり、その後掛川・引間（浜松）・吉田を経て十六日に岡崎、十七日に池鯉鮒《ちりふ》（愛知県知立《ちりゅう》市）に着陣した。

十八日の夜、元康は今川の前線基地である尾張の大高城に兵糧入りを敢行した。大高城の東には信長が築いた鷲津・丸根の両砦があったが、元康は一隊を敵の押さえに回し、残りの隊で小荷駄を城中に送り込んだのである。

翌十九日早朝、元康は丸根砦を攻めて守将の佐久間大学を倒した。同じ頃、義元の将朝比奈泰能が鷲津砦を攻め落とした。清洲城から南下していた信長がこの二つの砦の炎上を見て桶狭間に向かったのはこの頃である。

義元が桶狭間に向かい田楽狭間で休息していた午後二時頃、織田信長が本隊二〇〇〇を率いて今川義元本陣に斬り込み義元を倒した。今川勢は兵三〇〇〇を失い潰走したため、信長は戦場を引き揚げ、日没前に清洲城に凱旋した。これが有名な「桶狭間の戦い」である。

3 岡崎城時代（一五六〇～七〇）

桶狭間方面で戦いがあった頃、元康はそこからわずか一里余りの大高城にいたが、義元の戦死を知ったのは日没の頃であった。元康はその夜半に大高城を離れ、翌二十日に松平家菩提寺の大樹寺に到達した。

家康と大樹寺の関係を伝えるこのときのエピソードがある。

前途をはかなみ先祖の墓前で自害しようとする元康に、ときの住職登誉天室上人が「厭離穢土《おんりえど》、欣求浄土《ごんぐじょうど》」の言葉をあたえて思いとどまらせたという。「今は私利私欲に満ちた戦国の乱世であるが、これを正しい目的をもって住みよい浄土にしていくのがお前の役目である」という意味である。この言葉は家康の座右の銘となり、幾多の戦場でこの「厭離穢土、欣求浄土」の旗印は掲げられるようになる。元康は岡崎城の今川勢が引き揚げるのを待って、二十三日に念願の岡崎城復帰を果たした。元康一九歳のときである。一四年間にわたる家康の人質時代は終わった。

永禄五年（一五六二）一月、元康は酒井忠次・石川数正らを伴い清洲に赴いて初めて信長と会見し同盟を結んだ。背後の敵を気にすることなく信長が西へ、家康は東へ進出するためには双方にとって有利な条件であった。この同盟は信長が死去する天正十年までの二一年間、終始変わることはなかった。

大樹寺山門

同盟が成立するや元康は駿府に残してきた築山殿と信康、そして永禄三年に生まれた亀姫の救出にあたった。元康はまず今川義元の跡を継いだ氏真の従兄弟鵜殿長照の上郷城を攻め、長照を倒してその子氏長・氏次を捕らえた。そのうえで石川数正を駿府に派遣して氏真を説得し、人質交換に成功したという。

翌永禄六年（一五六三）七月六日、元康は名を家康と改めた。この改名は今川氏との離別を意味するが、家の字を選んだ由来ははっきりしない。康の字は元康時代にも使ったが、祖父清康からとったとみて間違いないだろう。

三河一向一揆

この年、家康にとって深刻な事件が勃発した。世に家康三大危機とよばれる「三河一向一揆」である。一向衆が農村内部に入り込み、多くの在地武士を包含して信仰宗団をつくり、岡崎政権に反旗を翻したのである。在地武士のなかにはのちに家康の重臣となる本多正信等、松平家臣も多く含まれていた。

一揆は九月に始まり翌永禄七年二月に治まるが、家康自ら槍をとって戦ったこともあった。一揆方に加わった本多正信は三河国を追放され諸国を流浪し加賀国に住んだ。帰参を許された年代はわからないが、元亀元年（一五七〇）の姉川の戦いには従軍している。

庶民の信仰宗教の根強さから生まれた三河一向一揆の体験は、晩年の宗教政策に活かされることになる。

一揆の鎮圧によって反松平勢力を一掃した家康は西三河をほぼ制圧し、続いて東三河の吉田城及び田原城を攻略して三河全土を統一した。

徳川氏への改姓

永禄九年（一五六六）、家康は朝廷に願い出て十二月二十九日付の宣旨を賜り従五位下三河守に任じられた。合わせて家康はこれまでの松平姓から徳川姓に改めた。家康は何故徳川姓への改姓に踏み切ったのか、これを裏付ける証拠はない。

徳川家康文書の研究で有名な中村孝也氏は、「三河の国衆と対等の立場で張り合ってきた松平氏であったが、今や国外の強大な大名、例えば織田氏・今川氏・武田氏・上杉氏・北条氏といった強力大名と対等な立場で張り合うためには、伝統と威厳を兼ね備え一見して尊敬の念を起こさ

岡崎城

せる氏姓を誇示する必要があり、家康は松平一族の発祥に伴う古伝承を活用して『徳川』姓を採り上げたのであった。それは若き家康の心理的要求に相違なく、つとに『源元康』と署名した青年心理は高く評価されるべきであり、新田氏の支流たる徳川姓を高らかに掲げることは、自己満足だけではなく、人心収攬のうえにも大きな効果をもたらすものであった」と言う。

岡崎市の大樹寺にある多宝塔（国重文）は家康の祖父清康が天文四年（一五三五）に建立したものであるが、同年四月二十九日付大樹寺多宝塔身柱銘写（大樹寺文書）には「世良田次郎三郎清康」とあり、また享禄四年（一五三一）八月付の禁制や年不詳の六月二十六日付大林寺宛書状にも同じ署名がされている。清康は徳川発祥地の世良田《せらた》（群馬県太田市世良田町）を意識して名乗っていたようである。

しかし、この段階で源氏の流れを汲むものとして家康が改姓を行ったかどうかは不明である。家康が源氏系図に関心をもつようになるのは、かなり後年の文禄四年（一五九五）以降のことである。

永禄十年（一五六七）五月、嫡男の信康が織田信長の娘徳姫を娶った。

遠江への進出

永禄十一年（一五六八）九月、信長は足利義昭を奉じて上洛し、義昭は念願の十五代将軍となった。同年十二月、家康は甲斐の武田信玄と通じて、今川領の駿河を武田、遠江を徳川が分割統治するという盟約を結んだ。信玄は直ちに今川氏真を攻撃して駿府を占領した。このとき氏真は遠江の掛川に逃れたが、家康は遠江の浜松城を攻略した。

翌十二年、信玄は久能山にあった天台宗の久能寺を現在の静岡市清水区村松に移し、久能寺の跡地に久能城を築いて家臣に守らせた。

この年、掛川に逃れていた氏直は家康に掛川を明け渡して伊豆の戸倉に移り、家康は掛川城に家臣を置いた。これで家康は遠江をほぼ制圧したことになる。

元亀元年（一五七〇）四月、信長は越前朝倉義景が信長の上洛要請に応じないことを理由に京を出発して朝倉氏討伐に向かった。この戦いには家康も従軍していたが、北近江の浅井長政が反旗を翻したため信長軍は挟み撃ち状態となった。危機に陥った信長の決断は早く、戦場から離脱し無事岐阜城に帰還した。

4　浜松城時代（一五七〇〜八六）

元亀元年六月、家康は岡崎城を元服した信康に譲り、浜松城に移った。それから間もない六月

浜松城

十九日、信長は二万の軍勢を率いて岐阜城を出発、二十一日に長政の小谷城の南西に着陣した。二十六日には家康が五〇〇〇の兵を率いて駆けつけ、ここに織田・徳川連合軍が結成された。

二十八日、琵琶湖に注ぐ姉川を挟んで浅井・朝倉連合軍と織田・徳川連合軍が対峙し、激しい戦闘が繰り広げられた。「姉川の戦い」である。この合戦は織田・徳川軍の勝利と伝えられるが、長政は以後三年にわたり抵抗を続けた。

同年十月、家康はこれまでの武田信玄との盟約を破棄し、上杉景虎（のちの謙信）と盟約を結んだ。

三方ヶ原の戦い

元亀三年（一五七二）十月、武田信玄は二万五〇〇〇の大軍で信濃の伊奈口から進入し、遠江に進出した。十二月二十二日、徳川家康は遠江の三方ヶ原において自軍八〇〇〇に信長の援軍三〇〇〇を加えた一万一〇〇〇の軍勢で武田軍に挑んだが、大敗を喫し浜松城に逃げ帰った。これが家康第二の危機、「三方ヶ原の戦い」である。

家康はこの戦いで多くの家臣を失った。家康は自分への戒めを忘れないため、自身の苦渋に満ちた姿を絵師に描かせ生涯にわたって座右から離さなかったという。これが世にいう「しかみ像」で名古屋市の徳川美術館に所蔵されている。

三方ヶ原で大勝した信玄は京に向け進軍し、翌天正元年（一五七三）二月には家康の支城三河野田城を陥れた。しかし病が悪化したため進軍を中止し、帰国途中の四月十二日、信州駒場で死去した。信玄このとき五三歳、家督は四男の勝頼が継いだ。

この年の七月十八日、信長は将軍足利義昭を追放、室町幕府は滅亡した。さらに信長は八月二十日に越前一乗谷を攻めて朝倉義景を倒し、同月二十七日には北近江の小谷城を攻めて浅井長政とその父久政を自殺に追い込んだ。

長篠の戦い

天正二年（一五七四）二月、家康の次男於義丸が遠江国富士見村に生まれた。のちの結城秀康である。

武田家を継いだ勝頼は信玄同様、徳川領に侵攻した。天正二年六月、家康の支城高天神城を攻略し、翌天正三年（一五七五）四月には東三河の長篠城攻略を目論み一万五〇〇〇の軍勢を率いて甲府を出発した。四月末には長篠城を包囲し、五月に入って攻撃をしかけた。守る徳川兵は五〇〇、家康は岐阜の信長のもとに援軍要請を求める使者を送った。

三方ヶ原の戦いに続き高天神城の戦いにも満足な援軍を送れなかった信長は三万の軍勢を率いて岐阜を出発した。この軍団にはこれまで信長が育成してきた鉄砲軍団が含まれている。信長と家康は岡崎で合流し、総勢三万八〇〇〇となった。

五月十八日、長篠城の西約一〇キロメートルの丘陵地帯に到着した織田・徳川連合軍は直ちに設楽原《したらがはら》（愛知県新城市）という南北に長い窪地に陣地構築を始め、南北約二キロメートルにわたる二重・三重の馬防柵《ばぼうさく》を完成した。開戦前に武田軍は決戦か、それとも撤退かをめぐって軍議を開いた。

しかし五月二十一日早朝、ついに勝頼は突撃命令を出した。「長篠の戦い」である。まず一番に武田家臣団最強の武将としてその名を轟かせていた山県昌景隊が家康麾下の大久保忠世の守る織田・徳川連合軍の最右翼の馬防柵に突進した。「甲陽軍鑑」によれば、三五〇〇の兵で大久保隊六五〇〇が守る馬防柵に九度も突撃をしかけたが、ついに力尽き鉄砲の餌食になったという。

武田軍は次々と新手を繰り出し突撃をしかけたが、ことごとく突撃を阻まれ信玄以来の歴戦の勇士たちが戦死していった。午後一時頃、武田軍は撤退を始め、勝頼が信州伊那谷に流れ着いたときの供はたった四人だけだったという。

天正四年（一五七六）二月になると、信長は近江安土に築いた安土城に移った。これまで住んでいた岐阜城は信忠に任せることにした。この頃家康に目立った動きはみられない。

天正六年（一五七八）三月十三日、越後の上杉謙信が春日山城で卒中に襲われ四九歳の生涯を閉じた。死後上杉家では御館《おたて》の乱とよばれる跡目相続争いがあったが、代わって家督を継いだのは謙信の養子上杉景勝であった。この年の五月、家康は駿河に進出して武田の支城田中城を攻めている。天正七年（一五七九）四月七日には遠江浜松城で家康の三男長松丸が誕生した。のちの秀忠である。

苦渋の妻子殺害

七月十六日、家康は酒井忠次および奥平信昌を近江安土城に遣わし信長に良馬を贈ったが、突如信長は家康に嫡男信康を自害させるよう要求した。これは信康に嫁いだ信長の娘徳姫から、夫信康と築山御前が武田と内通しているなど十二か条にわたる訴状が信長のもとに届けられたためといわれている。

ここに家康は徳川家を守るか、妻子をとるかの選択を迫られた。家康は徳川家を守る道を選び、八月に岡崎城に出向いて信康を三河の大浜に移し、続いて家臣に命じて妻築山御前を殺害、九月には遠江二俣城に移った二一歳の信康を自害に追い込んだ。本能寺の変のわずか三年前のことである。

遠江・駿河の平定

天正九年（一五八一）三月、四〇歳になった家康は勝頼の支城高天神城を攻略し、遠江を完全に平定した。

翌天正十年（一五八二）二月、信長は甲斐の武田勝頼を討伐するため嫡男信忠とともに美濃より甲斐に、家康は駿河より甲斐に侵入した。

戦いは三月十一日に勝頼が天目山の戦いで敗れ、甲斐田野において自害したことで終わった。

武田氏滅亡によって家康は駿河一国を与えられ、家康の領国は三河・遠江・駿河の三か国となった。

本能寺の変

信長は四月二十一日に安土に凱旋し、家康も五月十五日に安土に到着した。家康は信長から京・大坂の遊覧を勧められていたのである。家康は信長嫡男の信忠とともに上洛し、六月二日には遊覧先の大坂堺から京に向け出発した。ところが飯森山にさしかかったところ、信長が京都本能寺において明智光秀に討たれたとの知らせが入った。信長このとき四九歳であった。

家康は信長倒れるとの報を聞くや、大坂を脱出して伊賀越えの間道を通り伊勢湾を渡って五日に三河岡崎城に到着した。家康第三の危機、「伊賀越え」である。このとき家康に同行していたのは徳川四天王の本多忠勝・井伊直政・酒井忠次・榊原康政、それに武田家の重臣であった穴山梅雪、京都の豪商茶屋四郎次郎、伊賀者を父にもつ服部半蔵らであった。この伊賀越えは、途中で穴山梅雪が一揆に遭い殺されてしまうほどの危険な脱出行であった。

岡崎に戻った家康は軍備を整え、六月十四日に西に向けて岡崎を出陣した。ところが途中の鳴海で秀吉の使者から、秀吉軍が十三日の山崎の戦いで明智軍を撃破したという知らせが入り、浜松城に帰った。

七月三日、家康は甲斐・信濃を平定するため浜松城を出発、甲斐の本府中（山梨県甲府市）に入り、武田勝頼が築いた新府城まで掌握した。ここで立ちはだかったのが小田原の北条氏直軍である。氏直は信濃から甲斐に南下して新府城の北方に軍を進め、八月十日には八ヶ岳南麓の若神子《わかみこ》（山梨県北杜市《ほくと》）に陣を敷いて家康軍と対峙した。しかしこれより戦線は八〇日間も膠着状態が続いた。これに終止符をうったのが信長の子織田信雄・信孝兄弟の勧告である。

十月二十九日、家康は勧告に従い氏直と和議を結んだ。和議の条件は上野国の沼田を氏直に、信濃佐久郡及び甲斐都留郡は家康に帰属することにし、併せて家康の娘督姫を氏直に嫁がせるというものであった。督姫が氏直に輿入れするのは翌年八月のことである。

家康はこの出陣で甲斐・信濃南部を制圧し、十二月十二日に浜松城に帰った。これで家康の領国はこれまでの三か国に甲斐・信濃南部を加えた五か国となった。

小牧長久手の戦い

これ以降、秀吉との確執の時代が始まる。家康は天正十二年（一五八四）二月頃から織田信雄と急速に接近するようになり、三月になると秀吉と絶交状態に陥った。

三月十三日、家康は織田信雄と清洲で合流し小牧に出陣した。四月九日、秀吉軍が三河に出撃しようとしたところ、家康軍はこれを尾張長久手で破った。「小牧・長久手の戦い」である。長久手の合戦では苦杯をなめた秀吉であったが、その後の動きは早く、五月一日に撤退を開始すると、尾張と美濃の国境にある城を攻め落として六月には大坂城に帰還した。

その後、秀吉は北伊勢の信雄側の城に攻撃を加えた。たまりかねた信雄は十一月十五日に秀吉の提案する伊賀・南伊勢の割譲と尾張犬山城の譲渡を受諾して秀吉の軍門に降った。

信雄の単独講和により家康は秀吉と戦う名分を失い、やむなく兵を引き揚げ、次男の於義丸を秀吉のもとに送って和議を結んだ。

翌天正十三年（一五八五）、秀吉が築城をすすめていた大坂城が完成した。一方、家康は駿府城を修築した。武力で家康を屈服できなかった秀吉は天下に号令できる官位を得ようと朝廷に働きかけ、七月十一日、二条昭実に代わって関白に任じられた。

関白は古来より摂家の者に限られた職であったが、秀吉は近衛前久の養子となり藤原秀吉としてこの職を得たのである。

七月十五日、家康は信濃上田真田昌幸に対し上野沼田領を北条氏康に引き渡すよう求めた。しかし昌幸はこれを拒否し上杉景勝のもとに走った。八月に入り家康は大久保忠世・鳥居元忠・平岩親吉に命じて上田城を攻めさせた。閏八月二日、徳川軍は総攻撃をしかけたが、この攻撃は失敗に終わり同月二十四日、諸将を信濃から引き揚げさせた。

十一月に入ると秀吉は家康を臣従させようとしきりに上洛を促すが、家康はこれに応じず、焦った秀吉は翌十四年（一五八六）五月、異父妹朝日姫を家康の正室として送り込んだ。それでも家康は動かなかった。ついに秀吉は実母の大政所までも人質として差し出すという策に出た。さすがの家康もこれには応じざるをえず上洛を承諾した。

十月十八日、大政所が三河岡崎に着くと、家康は上洛して十月二十七日に秀吉に謁見し、秀吉への臣従を受け入れた。十一月十一日に岡崎城に戻った家康は井伊直政に大政所の護衛を命じて大坂に送り届けた。

5　駿府城時代（一五八六〜九〇）

天正十四年（一五八六）十二月四日、家康は居城を浜松城から駿府城に移した。同月、秀吉は太政大臣となり、藤原氏を改め豊臣姓を名乗るようになった。これをもって秀吉は関白太政大臣豊臣秀吉という極官に達したのである。

天正十五年に入ると秀吉は九州征伐のため三月一日に諸将を率いて大坂を出発し、頑強に抵抗していた島津義久を五月に降伏させ九州平定を成し遂げた。七月十四日、秀吉が海路大坂に帰還したので、家康は大坂に出向き秀吉の凱旋を祝福した。これ以降、天正十七年にかけて家康に目立った動きはみられない。

秀吉の小田原攻め

天正十七年（一五八九）十一月、秀吉は小田原の北条氏を討伐するため諸大名に出陣の準備を命じた。名目は北条氏の家臣が秀吉の惣無事令という私戦停止命令に反し、上野国沼田領で真田昌幸領分の名胡桃城を奪取したことに対する報復措置である。氏直は秀吉に弁明これつとめたが、秀吉は一切とりあわず十二月初旬には小田原攻めを決定した。十三日には家康のもとに陣触れが届けられた。

駿府城

天正十八年（一五九〇）、家康の三男長松丸が上洛して一月十五日に元服し、名を秀忠と改めた。その前日には京に戻っていた朝日姫が聚楽第で亡くなっている。

天正十八年三月一日、秀吉は三万二〇〇〇の軍勢を率いて聚楽第を出発した。二十七日に沼津の三枚橋城に着いたところで家康と対面し、作戦会議が行われた。この会議で家康は秀吉から小田原攻めの先鋒を任されたが、北条氏の当主北条氏直は家康の娘婿でもあり苦しい立場に立たされていた。

秀吉の小田原攻めはまず周辺の城を落とすことから始まった。はやくも四月初めには小田原城の包囲網が完成し、直接攻撃できる体制が整った。軍勢を比較すると北条軍五万六〇〇〇に対し、豊臣軍は一五万ともあるいは二〇万を超えるともいわれる大軍であった。上杉謙信も落とせなかった難攻不落の城だけに秀吉は慎重策をとった。小田原城を見下ろす石垣山に一夜城と呼ばれる城を築き、北条勢の戦意を喪失させたのである。

七月に入り機が熟したとみた秀吉は黒田孝高（俗称官兵衛）らを使者として小田原城に送り込み降伏を勧告した。七月五日、北条氏直は城を出て家康の陣所を訪れ、自分の切腹とひきかえに城兵の助命嘆願を申し出た。

家康はその旨を秀吉に連絡したが、秀吉はこれに取り合わず氏直を高野山に蟄居させ、終始好戦的であった氏直の父氏政と叔父氏照の切腹を命じた。氏直への助命措置は家康の娘婿であったからにほかならない。ここに北条早雲以来、関東に覇を唱えた戦国大名北条氏は滅亡した。

小田原城の城兵がすべて城外に出された七月十日、家康が小田原城内に入って巡見し、十三日には秀吉が小田原城内において戦後の論功行賞を行った。

秀吉は家康に対し旧領の三河・遠江・駿河・甲斐・信濃五か国を取り上げ、北条氏の領国であった伊豆・相模・武蔵・上野・上総・下総六か国と、近江・伊勢内の一一万石を与えた。家康はこの関東移封には不満であったが、黙ってこれを了承した。秀吉は小田原城落城が近いと判断した六月二十八日の段階で家康の関東移封をすでに定めていたという。

これと対照的なのが同じく小田原攻めに参陣していた織田信雄であった。秀吉は信雄に家康の旧領を与えようとしたが、信雄はこれを拒み、信雄の領国であった尾張・伊勢五郡を安堵するよう求めた。この発言に秀吉は怒り、信雄の清洲一一〇万石を没収してしまった。家康が関東への移封を抵抗せずに受け入れたのは、信雄のような憂き目にあうことを予知していたのかもしれない。

七月十七日に小田原を出発した秀吉は鶴岡八幡宮に参詣を済ませたのち、全国支配を完結するため一路下野宇都宮に向かった。目的は陸奥・出羽の二国の大名等領主を豊臣政権に服従させることであり、奥羽仕置とよばれるものである。向かった先では大名・領主の領地の没収や安堵、人質としての夫人の上京、家臣の諸城の破却、検地・刀狩りなどが命じられた。

江戸入り

家康は秀吉に先んじて七月十六日に小田原を出発して十八日に江戸に到着した。家康初めての江戸入りである。家康は舟板で造った粗末な玄関を踏んで荒涼たる江戸城に入ったという。せっかく立派に造営した駿府城を顧みることなく、新天地である関東の領国経営に着手しなければならなかった。

七月二十日、家康は家臣の松平家忠に明日三河に帰るよう命じた。女子供の引越作業を手配するためである。この日家康は江戸より奥州に向かう秀吉を見送った。

廿日、明日三州へ帰候へ之由御意候、御国かハり女子引越の事也、関白様ハおくへ御通被成候、

（「家忠日記」）

秀康の結城家相続

家康の次男で秀吉の養子となっていた於義丸改め羽柴三河守秀康が下総の名門結城家の跡目を相続することに決まった。このとき秀康まだ一七歳の若者である。

この事実を証明してくれるのが七月二十九日付で秀吉配下の黒田孝高と水野忠重に宛てた次の家康書状である。

一、御自筆被　仰出趣、忝次第、何共難述言上奉存事、
一、結城跡目之儀、三河守（秀康）ニ被　仰付段、忝奉存、即相添両人ニ致進上候事、
一、三河守五万石之儀、奉得其意候事、
付、結城隠居領事、
一、真田（昌幸）儀、重而以成瀬伊賀守被　仰掟、忝奉存候事、
一、両三人之者共儀、相意得奉存事、
以上
七月廿九日　　　　　　家康（花押）
黒田勘解由（孝高）殿
水野和泉守（忠重）殿
（「水野家文書」）

この書状は家康が秀吉の申し出に対して秀吉配下の黒田孝高と水野忠重を通じて了承した旨を伝えるいわゆる請文《うけぶみ》的な性格をもっており、この時期の家康の政治的立場を示す貴重な史料である。

第一条は秀吉が特に自筆状で家康に指示を与えたことに対する謝辞であり、第二条以下が秀吉の具体的な指示に対する家康の返答である。

第二条は結城晴朝の跡目を家康次男の秀康が仰せ付けられたことに対する謝意であり、第三条

は秀康の知行五万石などについて了承したことである。第四条は小田原攻めの引き金となった上野国沼田の地を秀吉が真田昌幸に与えることについて家康の了解を求めたことに対する返答であり、最後の第五条は秀吉が家康配下の三人の処遇について指示したことに対し承知した旨を伝えるものである。

結城家は源頼朝の時代に小山氏から分かれた有力御家人の結城朝光以来続く下総国結城（茨城県結城市）に本拠を置く名門である。小田原攻め当時の当主結城晴朝は石田三成指揮のもと宇都宮氏や常陸の佐竹氏とともに最後まで抵抗を続けた忍城攻撃に参加していた。

小田原攻めから戻った晴朝は宿泊の用意をして秀吉の到着を待った。晴朝は翌天正十九年（一五九一）閏正月に高野山の清浄心院宛に、「関白様が到着して一宿したとき、秀康の相続の話がまとまった。私は昨年の八月に当地に隠居した」と書状を書き送っている。秀吉一行が宇都宮に到着するのは七月二十六日のことであるので、秀吉が晴朝と話し合ったのは、その前日の七月二十五日のことと思われる。

第五条は秀吉の人事介入を示すものである。秀吉が指示した両三人とは八月七日付の井伊直政宛秀吉朱印状から上野国箕輪に入ることになる井伊直政、同じ八月七日付の本多忠勝書状から上総国万喜（大多喜）城に入った本多忠勝であったことは確かである。もう一人はこれも徳川四天王と呼ばれた榊原康政とみてよいであろう。これら三人は秀吉の関心が高い人物であったようだ。

ちなみに残る四天王の一人酒井忠次の場合は、すでに嫡男の家次に家督を譲ってしまったためか、両三人には含まれなかったとみえる。これについては後日談がある。

酒井家次の石高は下総国臼井三万石であるが、隠居していた忠次があまりにも見劣りすると家康に願いでると、「汝も子のいとおしきことは知りたるや」と言って採り上げられなかったという。これは家康が天正七年に信長から武田氏に内通したとの嫌疑をかけられ正妻築山殿と嫡男信康を殺さなければならなかったとき、忠次が信長の権威を恐れて何ら弁解してくれなかったことに対する皮肉ともいわれている。家康にとってこのときの悲しみがいつまでも脳裏から離れなかったのであろう。

宇都宮入り

さて家康が正式な江戸城入城準備に追われるなか、宇都宮に赴いて秀吉に謁見した事実が近年、以下述べる書状から明らかになった。

一つは秀吉が出した八月七日付の井伊直政宛書状である。そこには「於宇都宮、其方事内儀、家康へ懇々被仰聞候」という文面がある。これは宇都宮において直政のことについて家康に話したことを伝えている。

二つ目は家康が八月四日付で織田信雄家臣の蘇我尚祐に宛てた書状である。そこには「内府様(織田信雄)御身上之儀、於宇都宮、種々御取成申上候」と宇都宮において秀吉に信雄の取りなしをしたことを記している。

この二通の書状は家康が宇都宮に来て秀吉と対面したことを裏付けるものである。以上一連の書状を総合してみると、家康と秀吉の間で話し合われた内容は秀康の結城家相続、沼田領問題、そして家康家臣三人の人事問題、織田信雄の取りなしであった。

次に家康の宇都宮到着日であるが、秀吉は七月二十八日付で佐竹・宇都宮氏等に対して人質を出し、居城しない城は破却を命じたこと、伊達政宗が今日宇都宮に到着したことを伝える次の書状を家康宛に出した。この書状は七月二十八日時点で家康はまだ宇都宮に到着していないことを表している。

去廿六日書状今日廿八日於宇都宮到来加被見候、此国之儀、佐竹・宇都宮并家来者共、多賀谷・水谷足弱（人質）差上、不入城者被破却被仰付候、伊達左京大夫（政宗）も為御迎今日罷着候、則足弱をも差上候、然者一両日中至于会津可被移御座候、出羽・奥州へも被差遣御人数、城々知行等可被相改候、此表事早速被仰付、可被治御馬候間、可被得其意候、猶木下半助可申候也、

七月廿八日　（秀吉）朱印

駿河大納言（家康）殿

（「士林証文」）

前述の家康が黒田官兵衛と水野忠重に宛てた七月二十九日付の書状は、秀吉との面談を済ませたあとの請文であるから、家康が宇都宮に来て秀吉と面談したのは七月二十八日から翌二十九日

の間に絞り込むことができる。これが家康初めての下野国入りであった。

秀吉との面談を済ませた家康は、八月一日の江戸城正式入城に間に合わせるため、急ぎ江戸に向かった。

秀吉の奥羽仕置と日光山領没収

秀康は結城家の家督相続が決まるや八月六日に結城に入城した。家督を譲った晴朝は中久喜の栃井城（栃木県小山市中久喜）に移り住んだという。

結城秀康が取得した領地はこれまでの結城領のほかに、北条氏照が支配していた小山領、壬生義雄支配の日光・鹿沼・壬生領などが加わった。これで秀康は結城から日光に至るまで他領に足を踏み入れることなく領地を取得したことになる。秀康は入城すると早速新領の太閤検地に着手した。このことは写し文書ではあるが、天正十八年八月十八日付の富岡村（栃木県鹿沼市富岡）と同年八月三十日付の小林村（栃木県日光市小林）検地帳によって確認できる。

結城秀康がえた所領は「当代記」の文禄三年（一五九四）「諸国知行之高帳之事」によると一〇万一〇〇〇石であった。七月二十九日付の家康書状には五万石とあるが、それは秀康の大名としての格を旧領河内国二万石から結城五万石に加増されたことを意味するものであって、検地を行ったうえでの石高ではない。秀康が相続した当時の関東はまだ貫高制をとっており石高制は採用されていなかった。天下統一以後四年の年月を経て石高が確定し、この知行高帳が完成したのである。

秀吉は七月二十五日から八月四日まで宇都宮に滞在して仕置きを行ったのち、白河まわりで八月九日に会津黒川（のちの会津若松）に入った。会津での仕置きを終えた秀吉は八月十二日に会津を発って帰途につき、南会津から山王峠を越えて八月二十四日に再び宇都宮に戻った。翌二十五日宇都宮を発った一行は九月一日に半年ぶりの京都に凱旋するが、その途中の八月二十日、秀吉は駿府で小西行長・毛利吉成を招き大陸侵攻の準備にかかるよう命じている。

一、小西摂津・毛利一岐参上候、唐入来春成らるべき旨に候て、御用意拝顔を以て申され候、

（「喜連川文書」）

小田原北条氏に加担した日光山への領地朱印状が発給されたのは、秀吉が京都に凱旋した後の九月二十日であった。

当山寺屋敷并門前、足尾村、神主・社人・寺人屋舗等之事、被寄附之、無異儀立置条、勤行等不可有懈怠候也、

天正十八

九月廿日　　御朱印

日光山座禅院

同衆徒中　（輪王寺蔵「御代々御朱印写」）

中世の日光山領はのちに六十六郷あるいは七十一郷とよばれる広大な領地を持っていたが、この秀吉朱印状によって大半の領地が没収された。残された所領はわずか山内の寺屋敷、門前町、山内で仕える者の居住地及び足尾村だけになり、繁栄を誇った日光山はこれ以降、衰退の一途をたどることになる。

6　江戸城時代（一五九〇～一六〇七）

江戸城入城

家康は宇都宮から急ぎ立ち返り、八月一日に正式に江戸城に入城した。この日八朔はのちに関東入国の日として祝されるようになる。

八月十五日、家康ははやくも家臣の配置先を決定した。これも旧領地を引き払う諸将の落ち着き先を決定し、戦後の治安を早期に確立する必要があったからである。

井伊直政や本多忠勝の配置先も秀吉の意向が反映された形となった。井伊直政は上野国箕輪一二万石、本多忠勝は上総国大多喜一〇万石、榊原康政は上野国館林一〇万石に配されたのである。一〇万石以上の者はほかにいない。

家康の関東六か国の石高は先の「諸国知行之高帳之事」によれば二四〇万二〇〇〇石である。分国の近江伊勢等一一万石を加えると世にいう二五〇万石となった。豊臣政権下で最大の大大名であり、次に続くのは安芸広島の毛利輝元一一二万石である。

奥羽の反乱

奥羽仕置によって諸大名の配置は決定したが、この年の十月から十一月にかけて陸奥国の大崎・葛西で一揆が勃発した。この一揆は間もなく鎮圧されたが、翌天正十九年（一五九一）には南部領で九戸《くのへ》政実の反乱が起こった。

江戸城跡（皇居）

大崎・葛西の一揆をめぐって米沢の伊達政宗と会津の蒲生氏郷との間で確執が生じ、政宗は一揆を煽動した疑いでお家改易の危機に陥るが家康のはからいで危機を脱した。

事態を重くみた秀吉は反乱鎮圧の総大将に羽柴秀次を任命し、家康を補佐役に付けた。家康は七月十九日に井伊直政・榊原康政・本多忠勝らを従え江戸城を出発し、八月六日に二本松に到着した。家康はさらに岩手沢に足を延ばし、実相寺に約一か月間滞在して陣頭指揮を行った。九戸政実の反乱は九月四日に政実が降伏したことにより終結した。家康は戦場を引き揚げ、十月二十九日に江戸城に帰還した。

九戸の乱が治まったのち、伊達政宗は本拠を米沢城から大崎の岩出山城（宮城県大崎市）に移した。政宗が大崎少将と呼ばれるようになるのもこのためである。なお、政宗が仙台に青葉城を築いて移り住むようになるのは関ヶ原合戦以降のことである。

九戸の乱鎮圧後、家康は下野国を通って江戸に帰ったようである。「家忠日記」に羽柴秀次が宇都宮から岩槻に向かったことや、家康が古河にまで帰って来たことが記されているので確実とみてよいであろう。

これが家康二度目の下野入りであった。

廿五日、中納言様（秀次）、去十九日うつのミや迄御下りハせつにて、今明日ニ岩付迄御着候、

廿七日、殿様（家康）今日こか（古河）迄御帰陣候、

（「家忠日記」）

奥羽で一揆争乱が続いていた天正十九年一月二十二日、これまで秀吉を支えてきた秀吉の異父弟秀長が病死した。二月二十八日には茶道をつとめてきた千利休が秀吉によって切腹させられた。続いて八月に淀君との間に生まれた鶴松が三歳で病死した。

秀吉の政策にほころびが生じてくるのはこの頃からである。

文禄の役

秀吉は朝鮮出兵の準備をすすめ肥前名護屋（佐賀県唐津市）に名護屋城を築いた。この朝鮮出兵には秀長や利休・母親の大政所までもが反対したといわれている。十二月になって秀吉は関白職を秀次に譲り、「太閤」と称して朝鮮出兵に専念する態勢をとった。そして天正二十年（一五九二）正月、全国の大名に出陣の軍令を発した。

これに応じて家康は二月二日に江戸を出発して四月中旬に名護屋に着いた。家康が江戸に着いたときにはすでに小西行長らの一番隊は名護屋を出帆しており、四月に入ると加藤清正・黒田長政ら西国の諸隊も朝鮮に向けて出陣していった。

朝鮮での日本軍は当初破竹の勢いで進撃し、漢城（現在のソウル）を落とし、平城（現在のピョンヤン）にまで進出した。しかし明国の介入があり膠着状態に陥った。七月二十九日には年号が文禄へと改められたが、膠着状態はそのまま続き、翌文禄二年（一五九三）になると明国軍が反撃に出て平城の日本軍を追い返して漢城まで撤退させた。

三月頃には双方とも戦いに嫌気がさし講和交渉が進められるようになった。七月になって秀吉は日本軍の撤退を決意するが、大陸への野望は捨てきれず、再度の進撃に備えるためこの地に城塞を築いた。城塞の在番を任されたのは九州・中国の大名たちであり、彼らが在番した城塞群は今、「倭城遺跡」として残っている。

在番の任務を外された東国勢や石田三成・増田長盛らの奉行衆、宇喜多秀家・細川忠興らの軍勢総勢四万九七一九人は日本への帰還が許され、八月から閏九月上旬にわたって日本国本土に帰った。

文禄の役で朝鮮に渡った日本軍の総数は一五万人弱、そのうち戦没者は五万人強と多くの犠牲者を出したが、ルイス・フロイスは「朝鮮の犠牲者は日本人のそれとは比較にならないほど膨大であった」と述べている。

家康は名護屋に一年余りも在陣し続けたが、この戦には終始消極的であったようで目立った動きは見られない。

八月中旬、家康は名護屋を出発して八月二十九日に大坂に到着、伏見に滞在したあと十月二十六日に江戸に帰った。江戸を出発してから約一年九か月ぶりの帰還であった。

文禄三年（一五九四）一月二十七日、家康は江戸城の修築を始めたが、秀吉が伏見城を造営することになったので二月十二日に上洛し、伏見に入った。十六日には家臣松平家忠に人夫を率いて秀吉の伏見城築城にあたるよう命じ、三月十四日には伏見城の普請状況を視察した。

十二月二十七日、北条氏直の妻であった家康の次女督姫を三河吉田城主の池田輝政に嫁がせた。

翌文禄四年（一五九五）五月三日、家康は伏見を発して江戸に帰ったが、秀吉から上洛せよとの催促があり、七月十五日に江戸を発って伏見に向かった。

この間、京では大事件が起きていた。秀吉が関白秀次の行状に怒り、七月三日に石田三成・増田長盛らを聚楽第に派遣して秀次を詰問し、八日には秀次を伏見によんで関白左大臣の官職を奪い高野山に放逐したのである。家康が江戸を発した十五日、高野山にいた秀次が自害した。家康が伏見に到着したのは七月二十四日であったが、八月二日には秀次の妻妾ら三十余人が三条河原で斬られた。

吉田神道と源氏系図

文禄四年（一五九五）九月二十六日、家康は吉田神道の宗家吉田兼見邸を訪ねた。ここで後から来た権中納言山科言経《ときつね》が持参した家系図を見て吉田家蔵の諸家系図と照合のうえ清書するよう依頼した。このとき言経は兼見から源氏系図を一巻借用している。

言経のこの日の日記が、家康と吉田神道との初めての出会いと家康が源氏系図に興味を示す初見史料である。

廿六日、
一吉田（兼見邸）へ辰刻ニ罷向了、江戸亜相（家康）早朝ヨリ御出也云々、（以下略）
一江戸亜相へ家系図見セ申了、御コノミ有之、吉田諸家系図ニテ校合了重可清書之由有之、
一吉田ニ源氏系図一巻借用了、

（「言経卿記」）

翌文禄五年（一五九六）五月八日、家康はこれまでの権大納言従二位から内大臣正二位に昇進

した。これ以降家康は内府と呼ばれるようになる。

慶長の役

九月二日、秀吉は明国の使者二人が持参した講和条件に怒り、家康らの制止も聞き入れず再度の朝鮮出兵を決定した。一部の九州大名にはすみやかなる渡海、中国・四国の大名たちには翌年の渡海が命じられた。しかし東国大名たちへの派遣要請はなかった。これも家康や前田利家の進言があったことによるものであろう。家康は九月五日に伏見を発して江戸に帰った。十月二十七日、年号が文禄から慶長に改元された。

慶長元年（一五九六）十二月十五日、家康は再び伏見に戻った。同月十七日には秀吉の一子拾丸が四歳の幼子ながら元服して秀頼と名を改めた。

慶長二年（一五九七）、家康は正月を伏見で迎えた。五月七日には再び吉田兼見邸を訪れた。六月には朝鮮出兵中の浅野長政嫡男の浅野幸長《よしなが》に、八月には藤堂高虎らに先陣の功をねぎらう書状を発している。のちに武功派と呼ばれる諸将が、家康に味方する素地はこの頃出来上がったようである。十一月十七日、家康は伏見を発して江戸に帰った。

慶長三年（一五九八）一月十日、越後春日山城主の上杉景勝が会津一二〇万石に移封となり、会津若松城に入った。

家康が伏見に戻ったのは三月頃とみられるが、四月十日には秀吉の来訪を受けている。その秀吉は五月五日になって発病し、病の床に臥せるようになった。

七月に入ると秀吉は死を悟ったのであろうか、五大老・五奉行はじめ諸大名にまで秀頼に忠節を誓わせる誓書を出させた。しかし秀吉は八月十八日に六二歳で死去した。

八月二十五日、家康と前田利家は秀吉の死を伏せて朝鮮の諸将に使者を送り、早急に講和を整え帰還するよう命じた。

九月五日には朝鮮在陣中の加藤清正に対して朝鮮との講和と撤退を託す書状を徳川家康・毛利輝元・宇喜多秀家・前田利家四大老の連名で送っている。

さらに毛利秀元・浅野長政・石田三成を筑前博多に派遣して帰還兵の無事撤収をはかるよう指示した。日本軍が全軍撤収を完了したのはこの年の十二月であった。

梵舜《ぼんしゅん》との出会い

慶長三年七月十三日、吉田兼見の弟梵舜が御機嫌伺いのため伏見の家康邸を訪れた。このとき梵舜は家康から系図の下書きを渡された。この梵舜こそのちに天海と神号をめぐって争いになる人物で、この日が家康と梵舜の初めての出会いであった。家康と梵舜はこれ以降親交を深め、梵舜が書いた「舜旧記」にも度々登場するようになる。

十三日、天晴、伏見内府家康見舞罷、糒十袋、進物中也、次サイミ帷一、曝一ツ、内府より給、又系図下書来也、(以下略)

(「舜旧記」)

秀吉の遺言

秀吉は死去する前、自分を新八幡として祀るよう遺言していたようである。しかし、実際は豊国大明神として祀られたことは周知のとおりである。この事実はたとえ天下人であっても後継者やこれを取り巻く人物、あるいはときの政治情勢によってその遺言が覆されることもありえることを物語っている。

秀吉の遺言について直接記した史料は見当たらないが、フランシスコ・パシオ師が慶長三年（一五九八）十月三日付長崎発信のイエズス会総長に宛てた書簡で、「最後に太閤様は自らの名を後世に伝えることを望み、遺体を焼却することなく、入念にしつらえた棺に収め、それを城内の庭園に安置するよう命じた。こうして太閤様は以後は神の列に加えられシンハチマン、すなわち新しい八幡と称されることを望んだ。なぜなら八幡は往昔のローマ人のもとでのマルスのように、日本人の間では軍神と崇められていたからである」と記している。

これを裏付けるのが「言経卿記」慶長三年十二月二十五日条である。これには吉田神道の宗家吉田兼見の弟神龍院梵舜が新八幡社の神職就任の要請を受けたとあり、当初は秀吉の遺言どおり新八幡として祀られる予定であったことがわかる。

廿五日、備前守呼出、東山新八幡社神職事相望之間、昨日吉田二位（兼見）弟神龍院（梵舜）ニ談合之間、備前守召寄了、談合了、則吉田・神龍院へ書状調之、備前守ニモ

夕せ遣了、

（「言経卿記」）

年が改まった慶長四年（一五九九）一月五日、真言宗醍醐寺八十代座主義演は次の記事を日記に記した。秀吉の死は朝鮮出兵の兵が引き揚げるまでは秘密にされていたが、ここにきて公になった。秀吉は京都東山大仏（方広寺）の側に建てられる鎮守の神になる予定であり、今秀吉の遺体は伏見城に置かれたままである、というのである。

正月五日、伝聞、五人御奉行（前田玄以・浅野長政・増田長盛・石田三成・長束正家）衆元結ヲ拂云々、太閤御所御遠行、旧冬迄ハ隠密之故ニ無其儀、高麗国群兵引取之間披露ノ躰也、大仏ニ鎮守建立、神ニ奉祝云々、今日ノ風聞、御葬礼モ可有之歟云々、于今伏見ノ御城御座云々、御掟聊モ不異、□□奇妙〱、秀頼卿諸大名奉崇也、神妙〱、

（「義演准后日記」）

当初の神格化構想では、奈良東大寺と手向山八幡宮との関係と同じように、京都東山大仏の鎮守として新八幡に祀る予定であった。

二月二十五日、義演は東山大仏殿の造営責任者木食応其の案内で新八幡宮を見物した。この頃になると八幡宮は、ほぼ完成していたようである。

二月廿五日、（前略）法事果了、新八幡宮見物、上人引導、驚目了、盡善盡美、社頭凡出来、楼門過半出来了、（「義演准后日記」）

ところが、三月五日に前田玄以が後陽成天皇に神号新八幡を披露したところ、天皇は先例を踏まえ吉田家との協議が必要であるとして再検討するよう指示した（「御湯殿上日記」）。これは新八幡構想が却下されたことを意味する。

四月十日、吉田家で豊国大明神の御神体が作成された。一か月余りの間に新八幡が豊国大明神に変更されていたのである。豊国大明神は「日本之惣名」にある「豊葦原中津国」から抽出されたという。

新八幡の神号が天皇の勅許をえられなかった背景には吉田家や家康が関与したとする説がある。八幡宮は清和源氏の氏神であり、家康の崇敬する源頼朝も武人の守護神として鶴岡八幡宮を建立している。新田源氏の子孫と称したい家康にとって、秀吉が新八幡を称するのは認めがたく勅許に反対したというのもうなずける話である。

なお勅許を受けずに神号を進め廃案となった秀吉の教訓は、やがて家康の神号決定の際に活かされることになる。

伏見城に置かれていた秀吉の遺体は、四月十三日の夕方、隠密のうちに伏見城から東山の大仏阿弥陀が峰に移し葬られた。

（四月）十三日、今夕太閤御所、伏見御城ヨリ大仏阿弥陀カ峯仁奉移之、隠密也、上人（応其）御迎ニ参云々、社頭ノ辺カ重而可尋之、（「義演准后日記」）

その後十六日に仮殿遷宮が行われ、十七日に宣命使正親中納言季秀による豊国大明神号の授与、十八日の戌亥刻に公卿七人着座のもと正遷宮が執行された。

次いで十九日に豊国大明神に正一位が贈られ豊国大明神の遷宮式典はこの日をもってすべて終了した。

十八日の正遷宮時には多くの群衆が集まり、十九日には家康や毛利輝元はじめ多くの大名が社参している。

石田三成との確執

話は戻るが、慶長四年（一五九九）一月十日、伏見城にいた豊臣秀頼が大坂城に移った。この頃から石田三成の家康に対する陰謀説がささやかれるようになる。一月十九日、前田利家・宇喜多秀家・毛利輝元・上杉景勝の四大老は家康・伊達政宗・福島正則・蜂須賀家政に対し、秀吉の遺命に背き婚約したことを詰問した。家康は二月五日になって四大老・五奉行と和解し誓書を取り交わした。

二月二十九日、前田利家は家康が襲撃されるのを懸念したのか、病をおして伏見の家康邸を訪れ、向島に移るよう勧めた。三月に入ると家康は大坂の前田利家を見舞い、同月二十六日には利家の進言に従って伏見の向島に転居した。

ときの時勢を憂えていた前田利家が閏四月三日に大坂の自邸で亡くなった。享年秀吉と同じ六二歳であった。五大老の後任にはその子利長がついた。

利家が死去したその晩、加藤清正らが三成襲撃を企てていることを知った石田三成は宇喜多秀家・小西幸長らと相談し、かねて昵懇の関係にあった佐竹義宣の助けを借りて大坂を脱出し京都伏見城内にある自邸に逃れた。伏見城は秀頼が大坂城に移って以来空城となっており五奉行が交替で在番をつとめていた。この日の在番は前田玄以であった。

三成襲撃の背景には朝鮮において現地武将たちが秀吉の了解をえずに戦線縮小への方針を決定したことについて、三成が逐一秀吉に報告したため、現地武将たちは秀吉の反感を買って罰せられたことにある。三成襲撃を企てたのは加藤清正・浅野幸長・蜂須賀家政・福島正則・藤堂高虎・黒田長政・細川忠興の七将である。その怒りが前田利家の死によって一挙に噴出したのであった。

三成を追って伏見に来た軍勢は伏見城内の自邸に立てこもる三成とにらみ合いの状態となり、家康はその調停に乗り出した。四月十日、家康は三成の護衛に結城秀康を付け居城の近江佐和山城に蟄居させた。

それから間もない四月十三日、家康は伏見城西の丸に入った。多聞院日記に「天下殿に成られ目出度い」とあるように、家康は大老のなかでも突出した実力者として認められるようになった。七月に入ると家康は朝鮮の役に参加した大老宇喜多秀家と毛利輝元に領国へ帰国し明年秋冬に伏見に戻るよう伝達した。同様に加藤清正・細川忠興・黒田孝高ら大名たちにも同様の帰国許可を与えた。

残る大老上杉景勝は会津への転封間もなく、領国の仕置きが行き届いていないことを理由に会津若松に帰った。また前田利長も相続を理由に金沢に帰国した。これで大坂に残る大老は家康ただ一人となった。

九月七日、家康が重陽の賀のため大坂城に赴いたところ、五奉行の一人増田長盛から知らせがあり家康の暗殺計画が大坂城内で噂されていると知らされた。暗殺計画の首謀者は金沢に帰国している前田利長であり、利長と姻戚関係にある浅野長政や土方雄久・大野治長らと語らって家康を大坂城内で暗殺するというのである。

ことの真相は定かでないが、家康は警護の兵を伏見からおよび寄せ、九月九日の賀儀を無事に済ませた。この一件を機に家康は九月二十七日に大坂城西の丸に入った。

暗殺計画に関わった者の処分は十月二日に言い渡された。大野治長は結城秀康、土方雄久は常陸太田の佐竹義宣に預け、浅野長政は奉行職を解任して本領甲斐に蟄居させた。五奉行のうち石田三成・浅野長政が排斥されたことにより残る奉行は増田長盛・前田玄以・長束正家の三奉行となった。

首謀者とされた前田利長に対しては、帰国後城郭を修築し兵器を集積するのは挙兵反乱を意図しているとして、十月三日に西の丸に諸将を招集し北陸討伐を発令した。

利長は北陸討伐の動きを知って驚き、使者を家康のもとに送り弁明にこれつとめた。家康はこれを了承したものの、その証として母芳春院を江戸に送るよう命じた。

反乱の疑いは、利長の縁者である細川忠興にも向けられた。忠興は家康に恭順の意をあらわし、丹後宮津から大坂に来て家康に誓詞を差し出し、さらにその子光千代（忠利）を人質として江戸に送った。こうして家康に敵対する勢力はことごとく退けられ、今や家康独裁政治の様相を呈してきた。

会津上杉討伐へ

慶長五年（一六〇〇）一月一日、家康は大坂城西の丸において正月を迎え、諸大名の挨拶を受けた。会津からは上杉景勝の名代として遣わされた藤田信吉が挨拶に来た。そこで家康は藤田信吉を通じて景勝の上洛を促した。しかし景勝はこれに応じようとはせず、二月になると越後の堀秀治から会津に不穏な動きがあるとの知らせが入った。

四月一日、家康は伊奈昭綱を会津に遣わして景勝の至急上洛を促した。一方、景勝の執事直江兼続と親交があった京都相国寺の西笑承兌《さいしょうじょうたい》にも兼続に宛てて書状を書かせ、西上して陳謝するよう求めた。

五月三日、会津に派遣した伊奈昭綱が大坂に帰ってきた。昭綱が持ち帰った景勝の返書は上洛拒否であり、兼続の返書は後世に「直江状」とよばれる家康に対する非難であった。

これを見た家康は怒り、諸大名に対して会津討伐の出征を発令した。五月七日、増田長盛ら三奉行は「誠に田舎人にて御座候、不調法故のことであるから堪忍されたい」と、家康に思いとどまるよう懇願したが家康はこれを受け付けなかった。

六月六日、家康は諸将を大坂城西の丸に集め、会津征伐の陣立てを協議した。今回の会津討伐は五大老の一人である家康が総大将として会津に向かうという大義名分があった。

これを裏付けるのが家康の出陣の際、豊臣秀頼が家康の西の丸を訪れ、出陣のはなむけとして黄金二万枚（一枚を一両一〇万円として二〇億円）と米二万石（一石一五〇キログラムとして三〇〇〇トン、五万俵）を贈っていることである。

御出陣御いとまこひに秀頼公、おもてげんくわんの前迄御出。家康公おもてへ出御、御あいなされ候。（中略）黄金二万（枚脱字ヵ）米二万石被進之候。（以下略）（「慶長記」）

六月十六日、家康は遠征軍を率い大坂城を出発し、その日は伏見城に泊まった。

伏見城の城代は下総国矢作四万石の老将鳥居元忠である。

翌朝、家康は元忠を筆頭に、家忠日記を著した下総国古見川城主松平家忠、上総国佐貫城主内藤家長、加えて上野国三の蔵の旗本松平（大給）近正らに伏見城を守るよう命じ、一八〇〇余の軍勢を配して伏見城を去った。家康はこの城はいずれ落ちるだろうことを知り、また元忠らもそれを承知で引き受けたといわれている。

家康は七月二日、品川で秀忠に迎えられて江戸城に入り、七日には会津出陣の日を七月二十一日と定めた。翌八日には先発隊として榊原康政が出発し、十五日に大田原へ到着している。続いて十九日には秀忠が前軍を率いて江戸城を出発した。秀忠は二十二日に宇都宮手前の石橋で大関資増・大田原晴清・伊王野資信ら那須衆の出迎えを受けてその日に宇都宮に到着した。

秀忠が江戸城を出発した十九日、豊臣三奉行の一人増田長盛から家康側近の永井直勝に宛てた七月十二日付の書状が届いた。内容は石田三成と大谷吉継に挙兵の動きがあるとの知らせであった。七月十二日段階での三奉行はまだ三成挙兵に同調していなかったようである。

十九日、申之刻、増田右衛門尉状、永井右近所へ来ル。其状曰、
一筆申入候。今度於垂井大刑少（大谷刑部少輔吉継）両日相煩、両日逗留。石部少（石田治部少輔三成）出陣之申分候而爰元雑説申候。恐々謹言。

七月十二日　　増田右衛門尉長盛

永井右近大夫殿

（「慶長記」）

家康は予定どおり七月二十一日に江戸城を出発して鳩ヶ谷に泊まった。この頃になるとしきりに上方での情勢が切迫しつつあるという情報が伝わってきた。二十二日は岩槻に泊まり、二十三日には古河に向かう途中で、三成挙兵が現実となったことを確認した。家康はこの日、山形の最上義光に石田三成・大谷吉継が方々に触れ書きを発しているという噂があるから、会津攻めの米沢口進撃を一旦停止してのちの命令を待つべし、と書状を出した。

さらにこの日は足利の小林十郎左衛門が参上し、真田昌幸が犬伏（栃木県佐野市）より引き返して信州へ向かったと知らせて来た。おそらく石田三成の密書が昌幸のもとに届いたのであろう。これが有名な父昌幸と弟信繁（幸村）は西軍に与し、兄信幸が徳川方に留まるという「犬伏の別れ」である。

廿二日（廿三日の誤ヵ）、古河へ渡御、足利の小林十郎左衛門参上申上候は、今日午時（十二時頃）真田安房守（昌幸）佐野のあなた近所犬伏より引返し、信州へ被越候と申上。（「慶長記」）

さらに慶長記は続く。安房守昌幸と信繁が犬伏より引き返して上田に向かう途中、伊豆守信幸の居城沼田城に立ち寄ろうとした。このとき、城を守る信幸の内儀が「信幸はお供で東におり家康様は近日中に下野国に到着するのに、安房守がお帰りになるのはおかしい」と言って大手門を閉ざし安房守一行の入城を断った。安房守はやむなく上田に帰ったというのである。この内儀こそ徳川四天王の一人本多忠勝の娘小松姫である。

安房守沼田へ参着。沼田は伊豆守領知也。沼田は譜代なれは、百姓急城へ参、大殿（昌幸のこと）やかて是へ御座候と申。城中伊豆守内儀へ此由かくと申候へは、此由を聞て伊豆守は御供にて東にあり。家康様近日下野へ可被成御着候に、安房守殿御帰は不審なり。留守居共へ申、大手の門をうちよせ申へからすと被申渡候。

小山評定

七月二十四日、家康は古河を発って下野小山に到着し、ここを本陣とした。この地は源頼朝が旗揚げしたとき下野国内で最初に有力御家人となった小山氏の地であり、しかも頼朝が日光山に常行三昧料として一五町歩を寄進した寒河郷を抱える地でもあった。

さらにここは家康次男結城秀康の領内である。家康が小山に本陣を構えることはあらかじめ決まっていたのであろう。この日、伏見城の鳥居元忠から伏見城が石田方の軍勢によって包囲されたという知らせが入った。

翌二十五日、家康は諸将を招集し軍議を開いた。席上、尾張清洲城主の福島正則から大坂に残してきた人質を放棄して家康に従うとの発言があり、また遠江掛川城主の山内一豊から西への進軍にあたり自分の居城である掛川城を自由に使っていただきたいとの申し出があった。残りの豊臣系武将たちもそろって家康に忠節を尽くす発言があり家康は西上を決定した。翌二十六日、先手部隊として福島正則らが西に向かって小山を出発した。というのが通説「小山評定」である。

しかし、二十五日の小山評定のくだりと家康の侍医板坂卜斎が記した「慶長記」は少し趣が異なる。同書の著者板坂卜斎は家康の侍医として関ヶ原合戦当時に家康に近侍し、実際の有様を見聞することのできた人物である。書き出したのは元和以降のことであり、年月の思い違いや日を忘れた分もあるが、直接現場にいた人物が書いた軍中メモなるをもって編年体にまとめたはずであり、その史料的価値はきわめて高く、関ヶ原合戦の根本史料とされている。同書から小山評定と西上までの経過を追ってみよう。

徳川秀忠は二十五・二十六日には宇都宮に陣を張り、先手の大将衆は喜連川（大田原の誤ヵ）から白沢までの間に陣をとっていた。家康から大将衆に小山に来るよう招集がかかったのは二十七日のことであった。

一、廿七日、先手の大将衆、明日被来候へとめさせられ候。此時大将衆木連川（現さくら市喜連川）より白沢（現宇都宮市白沢町）までに陣をとられ候。不残小山へ被来候。木連川より白沢まて七、八里か。

（「慶長記」）

二十八日、結城秀康が一番に小山に到着、午前中には福島正則をはじめとするすべての大将衆が小山に集まり軍議が開かれた。これが通説にある小山評定といえる。

軍議が催された場所は小山古城内とあるから小山祇園城のことであろう。軍議に卜斎は加わっていないのでその内容には触れていないが、その後の動きをみれば、①会津攻撃は一旦停止し、②豊臣系武将は上方に向かうこと、③家康は上杉の関東侵入に備えてしばらく小山に滞在し、その後旗本を率いて東海道を通り西上すること、④秀忠は徳川本軍を率いて宇都宮城にとどまり、頃合いをみて中山道を通り西上すること、などが決定されたようである。

通説にある福島正則や山内一豊の発言についてこれを証明するものはないが十分考えられることである。

軍議が終わるや東海道方面軍の豊臣系武将は続々西に向けて出発した。

一、廿八日、五つ時（午前八時頃）に三河守殿（結城秀康）一番に小山へ御越。其外不残午前に大将衆小山へ被到参上候。小山古城の内に庄屋居申候家を三河守殿広間心に御用ひ、おくに三間四方計のかりの御殿御つくらせ、此広間へ大将衆御あつまり座敷の内四方のすみ中座にて上意の仰出し本多中務（忠勝）本多佐渡守（正信）両人なり。三河守殿は此時は番所の小屋へ御はいり御座候。大将衆白沢より木連川迄は七、八里計、白沢より小山迄は九里あり。十七、十八里の道をしのき御越候得共、御振廻もなし、うすちゃ（薄茶）にても不出。大将衆福島左衛門大夫（正則）・羽柴三左衛門（池田輝政）・浅野左京大夫（幸長）此衆も馬に乗、持槍一本、はさみ（挟）箱一つ二つかち（歩行）の者十人計、馬しるし一つにて被致参上候。御意被承御広間より其儘立て西をさして御上候。（以下略）

（「慶長記」）

この日家康は江戸崎の芦名盛重宛で義重が佐竹義宣の兵に加わって出陣したことへの祝いと、上方で石田三成が挙兵したことは事実である旨を伝える書状を出した。家康は書状のなかで家康自身について小山に在陣していることだけを伝えた。芦名盛重は佐竹義宣の弟だけに警戒心がそうさせたのかもしれない。

使札被見、祝着之至候、其元御出陣之由尤候、此方も小山令在陣、將亦《はたまた》上方之儀、実儀之由申来候、猶本多佐渡守（正信）可申候、恐々謹言、

七月廿八日　　　　家康（花押）

芦名平四郎（盛重）殿

東海道方面軍の最後が小山を出発したのは翌二十九日であった。初めはうち続いた雨により道がぬかるみ難渋したようだが、その後天候が回復し「押陣の時は天気よく鑓・鉄砲・弓・旗共ひ

らめき家中おもひ〳〵のさし物はなやかに候つる」とある。

小山で軍議があったことを示す一次史料が栃木県内に残っている。それは浅野幸長が黒羽城主の大関資増に宛てた次の七月二十九日付の書状である。この書状は資増が七月二十三日付で幸長に対して出した書状に対する返書であり、内容は二十八日に行われた軍議の結果、会津への攻撃は延期と決まり、駿府より西の軍勢が西に向かったことを伝えるものである。

二次史料ではあるが貞享四年（一六八七）に成立した「黒田家譜」によると、このとき小山から西に向かった軍勢は五万余り、一陣は福島正則、加藤嘉明、黒田長政、藤堂高虎等、二陣は池田輝政、浅野幸長、山内一豊等、三陣は蜂須賀至鎮《よししげ》等、とあるから二陣に属する幸長の出発日は二十九日とみてよいであろう。幸長は小山を出発する前に軍議の結果をすみやかに資増に知らせるため、この書状を飛脚に託して資増陣屋に送ったのである。


尚々去廿三日之御状畏入候。其刻小山へ罷越御返事不申候以上。

急度以飛脚申入候、就其上方之儀各被申談仕置ニ付、会津表御働延引ニ候、上辺之儀弥被聞召届上様子可被仰出旨、内府様（家康）被仰候。我等儀此間宇都宮ニ在之候へ共、結城辺迄罷越候。駿州より上之御人数ハ何も国々へ御返ニ候。猶珍儀候ハヽ、可申入候。恐々謹言。

七月廿九日　浅左京行長（花押）

大関左衛門督殿

御宿所

（大田原市黒羽芭蕉の館蔵）

「内府ちがひの条々」

最後の東海道方面軍が小山を出発した七月二十九日、三奉行が発した「内府ちがひの条々」が小山の陣屋に届いた。家康は焦ったであろう。この書状により家康の立場は逆転し一気に豊臣正規軍から反豊臣軍へ転じたのである。

豊臣恩顧の武将たちがこの書状をみていつ寝返るかわからない状況に追い込まれた家康は先発している黒田長政に二人の使者を送った。黒田長政は豊臣系武将のなかでも一番信頼のおける人物と見込んでいたのであろう。次に掲載するのがこのとき使者に託した書状である。内容は大坂の三奉行が変心したことについて相談したいと思うが、すでに西上の途についているのでそれができない。ついては池田輝政と相談してもらいたいというものである。

先度御上以後、大坂奉行亦別心之由申来候間、重而令相談与存候處、御上故無其儀候、委細之様子羽三左（池田輝政）へ申渡候之間、能様可被相談候、猶山本新五左衛門・犬塚平右衛門可申候、恐々謹言、

七月廿九日　　　　家康（花押）

黒田甲斐守（長政）殿　　　　（「黒田家文書」）

しかし家康はこれだけではまだ不安があったのか、思い返したかのように奥平藤兵衛貞治を急使として行軍中の長政のもとに送った。今度は長政に対して小山に引き返すよう命じたのである。「黒田家譜」によれば、貞治が長政に追いついたのは相模愛甲郡厚木（神奈川県厚木市）であった。そこで長政は軍勢を厚木に残し、少数の家来を連れて小山に立ち返った、とある。それでは貞治が長政に追いついたと思われる日を推定してみよう。

徳川将軍の日光社参の折には古河城から宇都宮城まで四四キロメートルの道のりを一日で歩いた。長政は福島正則らとともに第一陣として七月二十八日に小山を出発した。小山から厚木までの距離は一五〇キロメートルほどである。一日の行軍距離を四〇キロメートルとして計算すると四日はかかる。この月は三十日まであるので厚木に到着したのは八月一日か二日ということになる。厚木は長政が引き返して小山在陣中の家康に会うことができるきわどい距離にあった。もし通説にあるように二十六日に小山を出発したとするならば長政隊はさらに西に向かって進んでおり、引き返して家康に会うことはむずかしかったであろう。

家康の知らせを受けた黒田長政はただちに小山に引き返して家康と深夜に及ぶまで面談した。話の内容は家康から「秀吉と親しかった福島正則は敵方に走りはしないだろうか」と尋ねられ、長政は「正則は三成と仲が悪く、よもや三成に従うことはないでしょう」と答えた、とある。しかし話の内容はこれだけではなかったようだ。後述する関ヶ原合戦で吉川広家が不戦を貫くよう仕向け、小早川秀秋を裏切りに走らせるための策を授けたものと思われる。話を終えた長政は家康から秘蔵の馬二匹を拝領するや西に向かった。

その一方で家康は上杉の南進を阻止するため白河口の南にある下野北部の大田原城・黒羽城に修復の手を加え、会津北方の伊達・最上ら奥羽の諸大名には会津を包囲するよう指示した。

上杉に対する包囲網を築いた家康は八月四日に小山を出発して古河（現茨城県古河市）から舟に乗り江戸に向かった。

家康が小山を発ったその日、利根川に架かる栗橋の舟橋が切って落とされ、陸路を行ったお供の衆は渡し船を使って川を渡らざるをえず混乱した。

家康の小山在陣は七月二十四日から八月四日まで約十日間の長きにわたった。

一、四日、早朝に小山御立。古河より舟にめし、江戸へ御帰。栗橋の舟橋御きらせ御供之衆江戸江参候に舟橋はなし。渡し舟小船五、六艘にて渡し候。よろしき人は舟に馬印をたて、手前の荷物人とも渡しあけ候はぬ内は、他へ舟をわたさす。小身もの、一騎あひのもの共、めいわくかきりなし。

（「慶長記」）

八月四日、家康は小山を出発する前、東海道を進む豊臣系武将に、徳川軍の先鋒として井伊直政を加えるので家康出馬前の作戦行動は直政とよく相談するように、との書状を発した。

話は戻るが、家康が小山に着陣した七月二十四日、伊達政宗が上杉領の白石城（宮城県白石市）に攻撃をしかけ、翌二十五日には陥落させている。

三成挙兵

この間、京・大坂で起こった三成挙兵について述べておこう。

家康の会津出陣を見届けた三成は、さっそく挙兵の準備にかかった。まず家康に従軍して美濃の垂井まで進んでいた越前敦賀の大谷吉継を味方に引き入れ、続いて近江まで来た安国寺恵瓊の説得工作にも成功した。恵瓊は五大老の一人である安芸広島の毛利輝元を反家康の総大将として迎え、大坂に呼び寄せる作戦を担った。

次に三成が打った手は大坂城の増田長盛・前田玄以・長束正家ら三奉行の説得であった。その結果、三成の策は功を奏して三奉行は三成の計画に賛同し、七月十七日付の書状、家康の非違十三か条を連ねた「内府ちがひの条々」を全国の大名に発した。

同日、細川忠興の正室（明智光秀の娘玉）ガラシャが三成方の人質要求を拒否し重臣の手を借り自らの命を絶っている。

七月十六日、毛利輝元が三奉行の要請に応える形で一万余の大軍を率いて大坂城に入城した。そして輝元は備前岡山五七万石の宇喜多秀家と、家康に敵対する挙兵理由と秀頼への忠節を訴えた連署状を諸大名に発した。

西軍の攻撃目標はまず伏見城に向けられた。七月十九日に宇喜多秀家・島津義久・小早川秀秋らが伏見城の攻撃を開始した。二十二日には毛利配下一万の軍勢が加わり、宇喜多秀家が総大将となって翌二十三日以降伏見城に激しい銃撃を加えた。

これまで満を持して佐和山城を動かなかった三成も二十九日になって佐和山城を出て伏見に着陣した。

伏見城を守る鳥居元忠らは圧倒的多数を誇る西軍の攻撃に対し徹底抗戦をしていたが、三十日の夜、伏見城に火が放たれ西軍が一斉になだれ込んだ。八月一日、ついに伏見城は陥落し、城将鳥居元忠以下松平家忠・内藤家長・松平近正らは全員壮絶な最期を遂げた。

家康江戸城動かず

八月四日に小山を出発した家康は、古河より舟に乗り、葛西に上陸してはやくも翌五日の午後四時頃、江戸城に帰った。江戸城には箱根から三島あたりまで進んでいたとみられる福島正則から三日付の書状が届いていた。書状の内容はわからないが、正則はその後の手配りを尋ねたものと思われる。

家康はその書状を一見して即刻返書を発送した。家康は返書のなかで池田輝政・藤堂高虎・井伊直政が後続するので協力して一刻も早く道筋を確保するよう命じた。

三日之御状、今日申刻於江戸令被見候、聊《いささかも》油断無之候間、可御心安候、羽三左、藤佐

（藤堂高虎）・井伊兵部少輔進之候間、御談合候而、一刻も其道筋御明候事専一候、猶替儀候者、可被仰越候、恐々謹言、

八月五日、　　家康（花押）

清洲侍従（福島正則）殿

徳永法印

（「善道寺文書」）

八月七日には伊達政宗から届いた書状に答えて返書を発送した。内容は三奉行の裏切りがあったので軍議の結果、上洛することになり、家康は八月五日に江戸城に帰ったと報告し、さらに宇都宮に置いた秀忠には佐竹義宣と協力して白河に進撃するよう命じたことを伝えた。しかし佐竹義宣は常野に兵を駐屯させたまま動こうとはしなかった。

切々御飛脚、御懇意之段祝着之至候、上方三人之奉行相替付而、各相談、為可令上洛、一昨五日江戸致帰城候、当表之儀、中納言（秀忠）宇都宮差置、佐竹令談合、白川表へ可相働由申付候間、其陣御働之儀、無越度様被仰付尤候、委細者、先書大屋小平次申候間、不能具候、恐々謹言、

八月七日　　家康（花押）

大崎少将（伊達政宗）殿

（「伊達家文書」）

翌八月八日、東海道方面軍に加わることとなっていた井伊直政が突発的な病に襲われ出陣がおぼつかなくなった。そこで家康は急遽直政に代えて、秀忠のもとに配されていた本多忠勝を軍目付の資格で豊臣系武将たちに同道させることにした。

それからほどなくして直政の病が癒え、直政は三〇〇〇人の軍勢を率いて出発した。

こうして東海道方面軍には徳川系武将として井伊直政・本多忠勝の両名と武蔵忍一〇万石城主家康四男の松平忠吉《ただよし》、上野小幡三万石の奥平信昌、上総久留里三万石の松平忠政らが加わることになった。

家康はしばらく江戸を離れなかった。上杉とそれに気脈を通じる常陸の佐竹義宣の動きを見届ける必要があり、もう一つは東軍として東海道を進軍する福島正則ら豊臣系武将たちの動向を見極めることであった。

家康は次々と豊臣系武将たちに書状による引き留め工作を講じた。中村孝也氏の『徳川家康文書の研究』によれば、小山在陣の頃から関ヶ原合戦の終わる七・八・九月の三か月間に一八〇通もの書状を出し、その大半が豊臣系武将宛のものであったという。鍵をにぎる尾張清洲城主の福島正則に対しては一三通もの書状を発している。

書状の効果があったのか、それとも反三成の感情がそれを上回ったのか、豊臣系武将たちは家康を裏切ることなく西上し清洲城に集結した。あの三成襲撃事件に関与した七将のうち福島正則・黒田長政・浅野幸長・細川忠興・藤堂高虎の五人が東軍の主力になって関ヶ原合戦に参加し、残る加藤清正は本領の九州肥後にあって黒田官兵衛とともに東軍側に立って西軍側の宇土小西・柳川立花氏を攻略した。唯一、西軍側についたのが阿波の蜂須賀家政であったが、これも戦いには参加せず、嫡男の至鎮《よししげ》が主力を率いて東軍に味方した。

清洲城での興味ある出来事が「慶長記」に記されている。福島正則が江戸に居座って動こうとしない家康に苛立ち、「我々を捨て石にするつもりか」と怒りをぶちまけた。そこへ不器用な家康の使者村越茂助が到着し、「おのおの方が動けば内府様はご出馬するであろう」と告げた。正則は扇を広げ茂助の顔を二、三度あおぎ、「尤もなこと、すぐに攻めてご報告申し上げよう」と言った。茂助を使者に選んだ家康を人々は「人をよく御見知り候ての事」とほめ合った、というのである。

正則らは動いた。八月二十一日に清洲城を発って岐阜城攻めに向かった。岐阜の城主は織田秀信、幼名を三法師といったあの信長の嫡孫である。清洲会議当時は三歳であったが、今や二十一歳の青年に達し、朝廷官位も従三位中納言と高く、世に岐阜中納言と称されていた。二日後の二十三日、東軍の岐阜城攻めが始まりその日のうちに岐阜城は陥落した。秀信は剃髪して加納寺に入り、のち高野山に蟄居した。

八月二十四日、秀忠軍が宇都宮を出発した。榊原康政を先鋒とし、大久保忠隣・本多正信ら一万石以上十余名を含んだ三万八〇〇〇の精鋭部隊である。

秀忠が去った宇都宮城には本丸に上杉備えの総大将として結城秀康が入り、二の丸には古河の小笠原秀政、三の丸に安房館山の里見義康、宇都宮城主の蒲生秀行は外郭に割り当てられた。

関ヶ原合戦前夜

家康が西上を決意したのは岐阜城攻略の報が届いた八月二十七日であった。上杉南下の憂いがなくなり西では豊臣系武将が決起したことを聞いた家康は九月一日、三万の軍勢を率いて江戸を出発した。十一日には尾張清洲城に到着したが、ここで思わぬ事態が出来した。徳川軍の精鋭部隊秀忠軍の到着が遅れていることが判明したのである。秀忠軍は中山道を進軍する途中で真田昌幸の上田城を攻めあぐね、いまだ木曽路にかかっていなかった。

三成率いる西軍はすでに八月下旬、大垣城を本拠にして東軍の出方をうかがっていた。

家康は徳川本軍の秀忠隊が到着しないながらも今が勝機と踏んだのであろうか、九月十三日に清洲を出発して岐阜に入った。翌十四日早朝には間道を通って池尻村に着いたところで前進していた武将たちの出迎えを受け、正午には大垣城と対峙する赤坂の陣所に到着し、岡山という小高い丘を本陣とした。ここで家康は一里ほど離れた大垣城に向けて一斉に金扇の馬印と葵章旗七本、源氏の正統を示す白旗二〇本を掲げさせた。これを見た大垣城の将兵たちは突然家康本隊が目の前に現れたことを知り驚いた。

赤坂に着陣した家康は早速軍議を開いた。その結果、このまま城攻めを続けることは良策ではない。西へ進んで三成の佐和山城を落とし、そのまま大坂に進んで毛利輝元と決戦に及ぶべしという意見にまとまった。

三成の作戦はもともと大垣城に籠もり、東軍を引きつけておいて大坂方面から来る後詰めの軍勢と挟み撃ちにするという作戦であった。しかし家康が大垣城を素通りして大坂に向かうという情報をえた三成は関ヶ原で東軍を迎え撃つことに変更した。これこそ家康の思うつぼであり家康得意の野戦に持ち込んだのである。

十四日、関ヶ原合戦の前日、井伊直政と本多忠勝が、次いで黒田長政と福島正則が相継いで毛利軍を率いる吉川広家と福原広俊に血判起請文を送った。

井伊直政と本多忠勝の起請文は三条目の付け書きに「御分国の事、申すに及ばず、只今のごとく相違ある間敷く候事」とあるように毛利家の領国保全を条件に密約を結んだのである。

起請文前書之事（三条のほかは略）

一、御忠節相究候者、内府直之墨付、輝元へ取候而可進之候事、

付、御分国之事、不及申、如只今相違有間敷候事、

慶長五年九月十四日

本多中務大輔（忠勝血判花押）

井伊兵部少輔（直政血判花押）

吉川侍従（吉川広家）殿

福原式部少輔（福原広俊）殿

続いて送った黒田長政と福島正則の起請文は前書の一条目で、同日付で本多忠勝・井伊直政が広家・広俊に送った起請文にいささかも偽りがない、と念を押している。この前書文は黒田長政の自筆であり、五条目を見ると、長政自身を我らと一人称で記しているので、この密約は長政が主導していたことがわかる。

起請文前書之事（一・五条のほかは略）
一、井兵少（直政）・本中（忠勝）書清紙、聊偽無之事、
一、羽大夫（正則）・我等事、対　御両人、聊以如在存間敷候事、
慶長五年九月十四日
黒田甲斐守（長政血判花押）
羽柴左衛門大夫（正則血判花押）
吉川侍従殿
福原式部少輔殿

この起請文の神文を記した第二紙は熊野那智大社の牛玉宝印「那智瀧法印」が使われている。また両起請文は現在山口毛利博物館に所蔵されており国の重要文化財に指定されている。

この合戦前日の密約により毛利家は夜半南宮山前の道を通過する東軍をやり過ごし、また翌日の合戦にも参加せず東軍勝利に貢献することになる。

その夜、西軍は密かに大垣城を出て関ヶ原に向かった。この情報は間もなく家康にもたらされ家康は全軍に出陣を命じた。西軍が関ヶ原に布陣を終えたのは十五日午前四時頃であり、東軍最後尾の家康が桃配山に本陣を構えたのは午前六時頃であった。東西両軍の軍勢は一五万、うち西軍が八万、東軍は七万と数えられている。

中山道を直進した東軍からみて、西軍の布陣は関ヶ原の前方右北国街道沿いの笹尾山に石田三成・島津義弘隊ら、正面の天満山麓には小西行長・宇喜多秀家・大谷吉継隊ら、前方左の松尾山には北の政所の甥で筑前名島城主の小早川秀秋隊が半円形の包囲陣形をとった。いわゆる鶴翼の陣である。家康本陣とした桃配山左後方の南宮山にはその前面に毛利家の家老的存在である吉川広家が布陣し、その後方に毛利輝元の名代として参陣している輝元養子の毛利秀元や長束正家・安国寺恵瓊・長宗我部盛親が布陣した。

一方の東軍は中山道に沿って福島正則隊六〇〇〇が西軍最大の一万七〇〇〇の軍勢を持つ宇喜多隊に対峙し、その後方に藤堂高虎・井伊直政・本多忠勝隊等が、続いてその後方に家康が本陣とした桃配山麓に麾下の三万が布陣した。しかしこの三万は数が多いが家康本陣を守護する旗本部隊であり防御の性格をもつものであった。

石田隊に対しては黒田長政・細川忠興らが対峙し、桃配山左後方にある南宮山の吉川広家らに対してはこれも中山道沿いに山内一豊・浅野幸長・池田輝政隊が押さえとして布陣した。

この陣形は家康が武田信玄と戦った三方ヶ原の戦いでの教訓が活かされたといわれるが、東軍の魚鱗の陣は中山道を進軍してきた長い隊列と地勢がもたらしたものであり、結果的にそうなったといえなくもない。

明治時代になって日本陸軍に招かれたドイツ陸軍の参謀メッケルが、関ヶ原合戦の布陣図を見たとき、即座に「西軍勝利」と断じたというのは有名な話である。つまり東軍の陣形は通常では考えられない危険な陣形をとっていたのである。

関ヶ原合戦

九月十五日早朝、関ヶ原は濃霧が立ちこめ視界が悪く両軍はにらみ合いを続けた。東軍の先鋒は福島正則と決まっていたが、午前八時頃、井伊直政が抜け駆けして宇喜多隊に鉄砲を撃ちかけた。これが口火となって東軍の各諸隊は西軍に襲いかかった。福島隊は三倍近い宇喜多隊に突撃、宇喜多勢はこれを押し返した。

戦いが始まってから三時間が過ぎ、戦況は一進一退の様相に陥った。家康は本陣を前面に移動し、三成は西軍総攻撃の狼煙を上げた。しかし、南宮山の毛利勢は動こうとはせず、松尾山に陣どっていた小早川秀秋も動こうとはしなかった。

秀秋は黒田長政を通じて東軍に寝返る約束をしていたが、三成からも「秀頼が十五歳になるまで関白職をつとめてもらいたい」という甘い誘いがあり、秀秋は西軍が意外にも健闘しているのをみて逡巡していたのである。家康はこのとき「せがれめにはかられた」とつぶやき、右手の指をしきりに噛む仕草を見せたという。

同日正午、苛立った家康は秀秋隊めがけて鉄砲を撃ちかけた。驚いた秀秋は西軍への裏切りを決意し、大谷吉継隊めざして山を駆け下りた。一万五〇〇〇を擁する秀秋隊の裏切りにより東軍は一挙に優勢に転じた。大谷隊は少数ながら勇猛果敢な戦いを繰り広げたが、ついに玉砕し大谷吉継もその場で自刃した。正午を境に西軍の各隊が撤退するなか、石田隊はなおも抵抗を続けていたが午後一時頃、ついに持ちこたえられず撤収を開始した。

西軍で最後に残ったのが薩摩の島津隊である。島津ははじめ東軍に味方するつもりで伏見城に入城しようとしたが鳥居元忠から入城を断られ、行きがかり上西軍側に味方することになった。そのため島津隊は自陣に侵入してくる者を敵味方関係なく排除していたが、いつのまにか取り残されていたことを知り、敵中突破での退却をはかった。家康の本陣をかすめて伊勢街道をまっしぐらに駆け抜けた。島津隊は八〇騎になりながらも主君を守り見事関ヶ原を脱出した。

この追撃戦で井伊直政は狙撃され落馬、家康四男の松平忠吉も負傷し退却した。井伊直政はこのときの鉄砲傷がもとで二年後の慶長七年二月に死去することになる。

開戦から六時間後の午後二時頃、西軍は総崩れとなり石田・宇喜多・小西ら主力部隊は伊吹山に向けて敗走し、戦闘が完全に終わったのは午後四時頃であった。

天下分け目の合戦がわずか一日で決着をみたのは、豊臣恩顧の武将たちを味方に引き入れたこと、黒田長政を通じて吉川広家や小早川秀秋の内応に成功したことであろう。

長政は関ヶ原の戦いにおいて石田三成軍を相手に奮戦したが、事前工作にも父官兵衛に劣らず

至赤坂
至大垣
伊吹
上野
垂井
山内一豊
有馬豊氏
中山道
浅野幸長
池田輝政
徳川家康
配山
真禅院
宮代
南宮神社
吉川広家
安国寺恵瓊
境野
南宮山
毛利秀元
長束正家
伊勢街道
上野
栗原山
長宗我部盛親
=東軍
=西軍

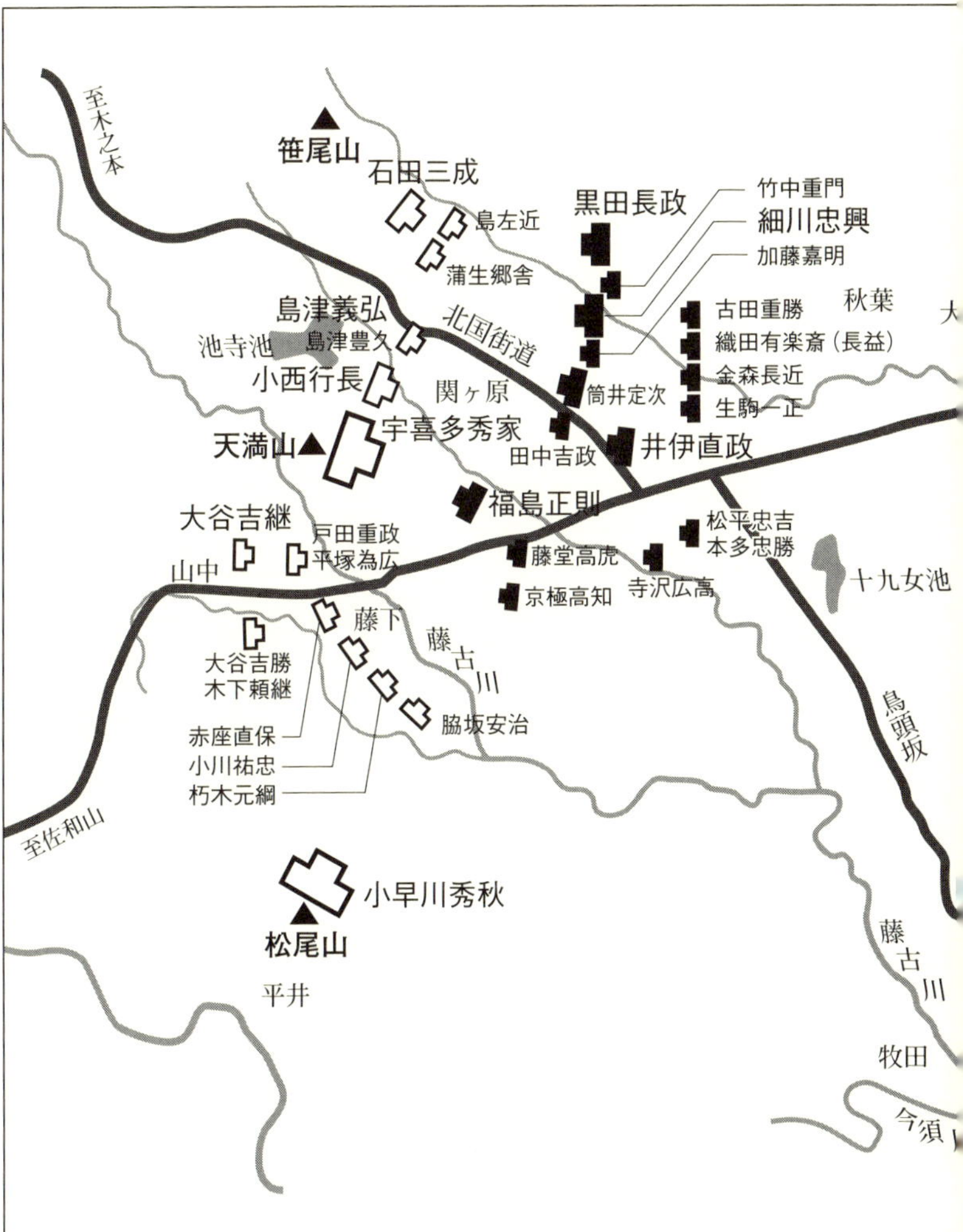

関ヶ原合戦布陣図　慶長５年（1600）９月15日（午前８時頃）
《東京都江戸東京博物館他編「図録大関ヶ原展」より作成》

その能力を発揮し東軍の勝利に貢献した。合戦後、長政はその功績により筑前国五〇万石を与えられ、はやくも十二月二十三日には筑前国に入国した。家康没後の元和三年（一六一七）九月十七日、長政は日光山東照社前に筑前国産の石鳥居を建立した。このとき長政は「我神君の恩賜に依て五十万石を領す、されば其五十万石を以て建立せん事、我本望也、」と言ったという。（明良洪範）

戦後処理

関ヶ原の戦いで勝利した東軍はそれより兵を進めて九月十八日には三成の居城佐和山城を陥落させ、さらに毛利輝元のいる大坂城に向かい、数度の折衝を重ねた結果、二十五日になって輝元は大坂城を退去した。

西軍諸将に対する捜索は戦い以降続けられていたが、小西行長は九月十九日に伊吹山中で、石田三成は二十二日に近江の古橋村で捕らえられた。また、安国寺恵瓊は二十三日に京都六条の寺院に隠れていたところを京都所司代の奥平信昌に捕らえられ、三人は大坂・堺・京都の各所を引き回しのうえ十月一日に京都六条河原で処刑された。

毛利輝元が大坂城を退去したのは、輝元の身の安全と毛利の領国を安堵するという家康方の誓詞を受けてのことであったが、この誓詞は輝元が謀反人たちに籠絡されたという前提のもとに出されたものであった。ところが、家康が大坂城に入ってみると、輝元が今回の企てに積極的に関与していたことを証明する廻状や、輝元の花押のある証拠が多数見つかった。

これをもって毛利氏領国安堵の前提は覆され、吉川広家らに宛てた本多忠勝・井伊直政・黒田長政・福島正則四人の血判起請文も破棄されたのである。

輝元に下された処分は改易であった。これまでの安芸・周防・長門・石見・出雲・備後・隠岐七か国ほか合わせて一一二万石をすべて没収するというのである。一方、吉川広家には内応の功により毛利領国内の二か国が与えられた。これは十月に入ってから突然申し渡されたことであるが、広家は一言も抗弁することなく、ただ自分に与えられた二か国を輝元に与えるよう哀願するのみであった。

家康は広家の願いを聞き入れ、毛利家に周防・長門の二か国三七万石を与え、輝元は隠居剃髪して宗瑞と名乗り家督を六歳の秀就に譲った。こうして毛利家はかろうじて生き延び、二六〇年後には明治維新の立役者長州藩として世に躍り出ることになる。

なお、信州上田城で秀忠の西上を遅らせた真田昌幸・信繁父子は、信幸の助命嘆願により死罪を免れ高野山麓九度山に幽閉の身となった。

また五大老の一人で福島正則との激闘を演じた宇喜多秀家は敗戦が決まると戦場から脱出して薩摩の島津氏のもとに赴きかくまわれた。やがてその所在が明らかになり八丈島に流罪の身となった。島では五〇年もの間流人生活を送ったが、その間赦免されることなく明暦元年（一六五五）に八十四歳で死去した。

諸大名の配置換え

関ヶ原合戦に勝利した家康は九月二十七日に井伊直政・本多忠勝・榊原康政・本多正信らに対し諸将の軍功調査を命じ、諸将の配置先を決定していった。諸将の新たな配置先は領地没収や減封がからむことから一挙に決定されたわけではなく慶長五年末に始まり翌慶長六年末までかかった。

まず関ヶ原合戦において西軍に属した石田三成や宇喜多秀家・小西行長ら八八家が改易され、その領地四一六万石余が没収された。

これを受けて慶長五年中に転封先が決定したのは井伊直政・黒田長政・結城秀康らであった。井伊直政には石田三成の旧領近江佐和山一九万石、黒田長政は小早川氏の筑前一国と肥前・筑後の二郡合わせて五〇万二四〇〇石、結城秀康は越前一国六七万石と若狭・信濃の一部合わせて七五万石が与えられた。

なお、井伊家が彦根山を城地と定め、彦根城を築くのは直政没後の二代目嫡男直継のときで、慶長九年に始まり慶長十二年に現在の国宝天守閣が完成した。

慶長六年（一六〇一）正月一日、家康は依然として大坂城西の丸にいたが、病のため年賀の行事は取り止め、同月十五日に改めて諸大名の年賀を受けた。

諸大名の新たな転封先が決定されるのは二月に入ってからである。主な徳川系大名では四男の松平忠吉を尾張清洲五二万石に、本多忠勝を伊勢桑名一〇万石に据えた。忠勝の場合は加増がなかった代わりに次男の忠朝に忠勝の旧領上総大多喜五万石を与えてこれを補った。

豊臣系武将にあっては福島正則が安芸・備後二か国五〇万石、池田輝政が播磨一国五二万石、細川忠興が豊前一国ほか三九万石、浅野幸長が紀伊一国三七万石、藤堂高虎が伊予今治二〇万石、加藤嘉明には伊予二〇万石が与えられた。小山評定の際に掛川城の明け渡しを発言した山内一豊も関ヶ原合戦では大した功があげられなかったが、小山での発言が認められたのであろう、土佐一国二〇万石が与えられた。

結城秀康が去った下野国の日光領には先の伏見城の戦いで戦死した旗本大給松平近正の遺児松平一生《かずなり》が日光山麓の板橋に入り一万石を与えられた。小大名ながら日光領に配置したのは日光山を意識してのことであろう。壬生領一万五〇〇〇石には信濃諏訪の日根野吉明が入った。残る鹿沼領と小山領には大名が配置されず、鹿沼領は宇都宮城代大河内金兵衛秀綱の支配下に入り、小山領は家康直属の関東郡代伊奈忠次支配の幕府直轄領となった。

大幅な大名の配置換えの特徴は、豊臣系の大名たちが西国に配され、譜代の大名たちは関東及び東海道筋に配されたことである。しかも、改易大名の領地没収高と毛利輝元や上杉景勝・佐竹義宣らの減封高二一六万石余を合わせると、没収高の総計は六三二万石余にのぼる。これは当時の日本全国総石高一八〇〇万石余の三分の一を超える数字であった。

この六三二万石余の八〇パーセントにあたる五二〇万石余が豊臣系大名たちに加増分として充てられた。

新たな全国の大名の配置状況をみると徳川系大名が三分の一、同じく三分の一が豊臣系外様大名、その他三分の一が伊達・島津・上杉といった旧族系外様大名の領地であった。

家康は関ヶ原合戦に勝利したものの、その地位は豊臣秀頼の家臣であることには変わりがなく、軍事力では勝ってもそれだけでは天下を治めたことにはならなかった。残すはそれを正当化する権威であり、家康は征夷大将軍任官への道へと進んでいく。

上杉・佐竹への措置

ところで、関ヶ原合戦の発端となった上杉景勝のその後の動きをみてみよう。景勝は徳川家康の会津侵攻に備えて白河口や日光に通じる南山口で防御態勢を整えたが、戦線は最上義光の山形方面に移っていった。

慶長五年九月九日、直江兼続は二万余の大軍を率いて米沢を出発、最上義光の本拠地山形城に向かった。九月十四日、兼続は山形城の南約六キロメートルに位置する長谷堂城に迫り、城の南西一キロメートルの菅沢山に着陣した。最上義光は精鋭部隊を長谷堂城に送るとともに、岩出山城(宮城県大崎市)の伊達政宗に援軍を要請した。

翌十五日、奇しくも関ヶ原合戦の当日、長谷堂城の攻防戦が始まった。十七日になると長谷堂城からも見える笹谷峠に伊達軍が姿を現し、戦いは膠着状態となった。

九月二十九日、兼続のもとに西軍敗北の知らせが届き、景勝から撤退命令が下った。兼続は多数の戦死者を出しながらも十月四日に無事米沢に帰還した。

慶長六年に入ってもなお伊達・最上との戦闘は止まず、家康はその収拾にあたった。景勝は家康方から送られた謝罪の論告に従い七月に上洛し、八月八日に伏見城で家康と謁見し謝罪した。この場には結城秀康も同席している。

景勝への裁定は会津一二〇万石から米沢三〇万石への大幅減封であった。こうして上杉家はからくも改易を免れ、景勝・兼続の処罰も下されなかった。同席していた結城秀康はそのまま新たな転封先である越前北の庄へと向かった。

八月二十五日、家康は空き城となった会津若松城主に宇都宮城の蒲生秀行を据え六〇万石を与えた。一方、上杉に内通していた常陸水戸の佐竹義宣の場合は、景勝よりも二か月ほど早い四月の段階で、義宣の父義重が家康に謁見し謝罪したことから佐竹家の存続が認められ、水戸五四万石から二〇万石に減封され、秋田に移された。

佐竹が去った後の慶長七年（一六〇二）十一月、水戸に家康五男の松平信吉《のぶよし》が入封した。しかし信吉は生来病弱であったようで翌慶長八年九月に水戸において二一歳で病死、継嗣がなかったため信吉の松平家は絶家となった。

慶長六年八月、家康は京都所司代に板倉勝重を任命した。勝重はのちに方広寺の鐘銘事件や家康没後の神号勅許、東照社造営など、重要事項に関わる人物である。

家康は十一月二十四日に江戸城に帰り、十二月二十八日には大河内金兵衛が城代をつとめていた宇都宮城に奥平信昌の嫡男家昌を一〇万石の大名として取り立てた。

奥平家昌の異例とも思えるこの出世は、家昌の母が家康長女の亀姫であり、家康の外孫であることにほかならない。下野国の中心地宇都宮に親族を配置し、下野の押さえとしての役割を担わせたのである。家康は大河内金兵衛を慶長八年（一六〇三）八月まで家昌の補佐役としてつとめさせた。これもひとえに家康の若き外孫に対する思いやりからであろう。

慶長七年正月十九日、家康は帰ったばかりの江戸城を後にして二月十四日に伏見城に戻った。この月家康の生母於大の方が家康のもとを訪れている。しかし於大の方は伏見城で八月二十八日に七十五歳で亡くなり、葬儀は江戸で行われることになった。

廿七日、（前略）夜半此内内府家康御母儀、於伏見城御遠行、御形関東武州江戸葬礼之有儀　也。

（「舜旧記」）

於大の方にとって家康の伏見城で過ごした幸せな半年間であったといえよう。この間、家康は五月に京都二条城の造営を諸大名に命じている。

十月二日、家康は伏見城を発して江戸に帰るが、江戸在城の期間はまたも短く十二月二十五日に再び伏見城に戻った。

征夷大将軍就任

慶長八年（一六〇三）二月十二日、家康は後陽成天皇より右大臣の叙任を賜り、征夷大将軍に任じられた。江戸幕府の始まりである。この日家康は朝廷から遣わされた権大納言広橋兼勝と参議勧修寺光豊から宣旨（天皇の命令を伝達する公文書）を賜った。

内大臣源朝臣

左中辨藤原朝臣光廣傳

宣権大納言藤原朝臣兼勝宣奉

勅件人宜為征夷大将軍

者

奉

慶長八年二月十二日中務大輔兼右大史参博士槻宿弥孝亮　（「日光東照宮文書」）

七月二十八日、七歳の孫娘千姫を一一歳の豊臣秀頼に嫁がせ、八月十日には伏見城で最後の男子一一男鶴松丸（頼房）が誕生した。

家康は征夷大将軍叙任後、初めての正月を子供たちと江戸で迎えたかったのであろうか、九男の五郎太丸（義直・四歳）と一〇男の長福丸（頼宣・二歳）を連れて十月十八日に伏見を離れ、江戸に向かった。

慶長九年（一六〇四）正月、家康は征夷大将軍の立場で江戸城において世子秀忠はじめ江戸在住の諸大名から年頭の祝賀を受けた。二月には相模の中原で放鷹に興じ、はやくも三月一日には江戸城を発して上洛の途についた。途中熱海で一週間ほど滞在し伏見城に着いたのは三月二十九日であった。

その後、上方の諸大名及び公家衆から年賀の挨拶を受け、六月には伏見より竣工なった二条城に移り二十二日に参内、七月一日に伏見城に戻った。同月十七日、江戸城内で秀忠の次男が誕生し、竹千代（家光）と命名された。

秀吉の七回忌にあたる八月には豊臣・徳川両家の共催で盛大な「豊国大明神臨時例祭」が催された。

梵舜は五月はじめより度々家康のもとを訪れ、祭礼の準備にあたった。八月四日に家康から祭礼日を八月十三日とするよう指示があり、八月十三日に「一番、御幣・御榊」から順に祭儀が行われる予定であった。しかし当日になって雨が降り出したため、すべて翌日に順延された。十四日は晴天となり騎馬行列を含めて祭礼は盛大に挙行された。十五日も引き続き行われ、臨時祭は成功裡に終了した。翌十六日、梵舜と片桐且元は伏見城に赴き臨時祭が無事終了したことを報告した。その後家康は閏八月十四日に藤堂高虎を伴い江戸に帰った。

慶長十年（一六〇五）一月九日、家康は江戸城を発し二月十九日に伏見城に到着、続いて二十一日には秀忠が伏見に到着した。

三月、家康は活字版による東鑑（吾妻鏡）を刊行した。慶長活字本東鑑とよばれるものである。源頼朝を扱っているこの吾妻鏡が家康の愛読書であったことは、この事実をもってしても容易に汲み取れるであろう。（「承兌和尚事蹟」「慶長日件録」）

秀忠に将軍職譲位

家康は四月一日に秀忠とともに伏見城で公家衆の訪問を受けたのち、同月七日に征夷大将軍を秀忠に譲るよう奏請した。同月八日に二条城に入り十三日には梵舜から再び源氏系図を贈られ、十五日に伏見城に戻った。

四月十六日、秀忠が征夷大将軍に任じられ二代将軍となり内大臣の叙任を賜った。家康の征夷大将軍職はわずか二年二か月で終わり、これ以降は大御所とよばれるようになる。

家康が将軍職を秀忠に譲った背景には、将軍職は徳川家が引き継ぐことを天下に知らしめるためであったといわれている。将軍となった秀忠は六月四日に、家康は十月二十八日に江戸に帰った。

慶長十一年（一六〇六）三月十五日、家康は上洛のため江戸城を出発するが、上洛途中駿府に立ち寄り城郭を巡視して駿府を隠遁の地と定めた。四月六日に伏見城に入りその後二条城に移るなどしばらく京都に滞在したのち、十一月四日に江戸に帰った。

7　駿府大御所時代（一六〇七～一六）

慶長十二年（一六〇七）正月、家康は江戸城で恒例の将軍秀忠以下家臣の年賀を受けた。二月二十九日、家康は江戸を離れ駿府に移住した。これより元和二年四月十七日に死去するまでの前後十年間、本拠を駿府に置くことになる。

三月五日、関ヶ原の戦いで活躍した四男の松平忠吉が死去した。忠吉は二十八歳になっていたが継嗣がなく忠吉の松平家は断絶となった。

続いて三月八日、駿府に来た林信勝を引見し、剃髪させて道春と名乗らせた。林羅山である。閏四月八日には家康次男の結城秀康が三十四歳の若さで死去し、嫡男の松平忠直が跡を継いだ。

七月三日、家康は造営なった駿府城の新殿に移るが、その後十月に駿府を発って江戸に赴き、武蔵浦和・川越・忍等で鷹狩りに興じている。

駿府城に帰ったのは十二月十二日であったが、それから間もない同月二十二日、駿府城で火災が発生し、家康は一時竹腰正信邸に身を寄せ、翌日本多正純邸に移った。

そういうわけで慶長十三年（一六〇八）の正月は本多正純邸で新年を迎えざるをえなかった。修築工事を進めていた駿府城は二月十四日に本丸の上棟式が行われ、三月一日に殿舎が完成、家康は完成なった新城に移った。八月二十日には駿府城天守台の上棟式が行われ秀忠もこれに列席した。

同月二十五日、将軍秀忠は清洲城主徳川義利（義直）に尾張一国の領地判物《はんもつ》（書判のある文書）を与えた。義利の尾張への転封はすでに前年の閏四月になされていたが、事実が先行し判物がのちに出される例は多い。

藤堂高虎の功績

十一月十五日、家康は藤堂高虎に対し伊賀国一国と伊勢国中部合わせて二二万九五〇石の領地判物を与えた。藤堂高虎は関ヶ原合戦の功により伊予今治二〇万石を領していたが、慶長十一年の江戸城普請のときに高虎が縄張りを任され、その功により備中国において二万石が加増されていた。高虎はこのとき名を佐渡守から和泉守に改めている。

高虎はその後も江戸城天守台や松平康重が賜った丹波篠山の新城の縄張りを行った。今回の加増はわずかではあったが、これら縄張りの功績が認められたのであろう。

これ以降家康が高虎に寄せる信頼度はますます高まり、高虎はそれに応えるかのように大坂夏の陣から日光山東照社の造営に至るまで大きな功績を残すことになる。

日光山関与

慶長十四年（一六〇九）三月五日、家康は日光山の座禅院に左記の判物を与えた。領地そのものは秀吉が先に出した朱印状と同じであるが、新たに不貞の輩があればこれに制裁を加える旨の文言がつけ加えられた。

当山寺屋敷并門前、足尾村、神主・社人屋敷等事、如先規不可有相違、就中彼地為山中之条、自然卑賤之輩猥於有令一統儀は可加制詞、若有違背之族は急度可為言上、然上勤行・社役等不可有怠慢之状如件、

慶長十四年三月五日（家康）黒印

日光山　座禅院

同衆徒中

（内閣文庫蔵「日光山御判物之写」）

当時の日光山は二年前に二十六年もの間、権別当をつとめてきた昌淳が死去し、十八歳になったばかりの昌尊が跡を継いでいた。秀吉によって所領が没収された天正十八年以降、荒廃が続く日光山で若輩の昌尊が衆徒を統率するにはあまりにも酷であり、このような状況下にある日光山に不貞の輩が現れるのは当然といえよう。家康は日光山の状況を憂慮して日光山に初めて干渉したのである。

中井正清への加増

この年の十月、家康は京都の大工頭中井正清に五〇〇石を加増し正清の知行高は一〇〇〇石となった。正清は大和国法隆寺生まれで関ヶ原合戦後に家康から五畿内近江六か国の大工頭を任された。正清の手がけた工事は慶長七年から元和にかけての幕府の重要な建築工事のすべてにわたっており、慶長十一年には従五位大和守に任じられている。正清はこれ以降、大坂の陣の引き金になった方広寺の鐘銘事件や日光山東照社の造営などに深く関わっていく。

慶長十五年（一六一〇）二月、家康は尾張に九男義利の居城名古屋城を築くため北国・西国の諸大名に諸役を命じた。

黒衣の宰相・金地院崇伝

四月には金地院崇伝に寺地及び米等を支給し、駿府に金地院を建立した。この崇伝こそそのちに黒衣の宰相と呼ばれる人物で、幕政の根幹をなす諸法度の整備や家康の神号論争に深く関わっていく。

十二月になると京都から梵舜が駿府の家康のもとを訪れ三日間滞在した。その後梵舜は江戸に向かった。「舜旧記」はこのあと欠文になっているが、秀忠に謁見したのであろう。

慶長十六年（一六一一）三月六日、家康は駿府を発して久しぶりの上洛の途につき、十七日に京都二条城に入った。

二十日には関ヶ原合戦の年に生まれた九男の尾張名古屋城主徳川義利（以下義直という）が従三位参議兼右近衛中将に、十男の駿河府中城主徳川頼将（以下頼宣という）は従三位参議兼左近衛権中将に、十一男の常陸水戸城主徳川鶴松（以下頼房という）は正四位下左近衛権少将に任じられた。頼宣が和歌山城に入るのはこれから八年後の元和五年のことである。また、結城秀康の嫡男で家康の孫にあたる越前の松平忠直も従四位上左近衛権少将に任じられた。

それから二日後の三月二十二日、家康の遠祖とされる新田義重に鎮守府将軍を、亡父松平広忠に権大納言が追贈された。翌二十三日、家康は義直・頼宣・忠直を従え参内して叙任の御礼を言上した。

三月二十七日、後陽成天皇から一六歳の後水尾天皇に譲位が行われた。徳川家と後水尾天皇との関わりがこれから始まる。

二条城で秀頼と会見

三月二十八日、家康は豊臣秀頼を二条城に迎え会見した。この会見によって世上では豊臣・徳川の融和がはかられ、秀頼が徳川の城である二条城に赴いて家康に拝礼したことから徳川将軍を頂点とする政治体制が確立したと受けとめられてきた。

しかし当時の政治情勢に明るい笠谷和比古氏によれば、信頼度が高い「当代記」を引用し、家康は秀頼を庭上まで出迎え最高の礼で迎え入れており、秀頼の拝礼は自発的に行われたもので臣従礼ではない。あくまで舅に対する孫聟と朝廷官位の従一位に対する正二位の者の謙譲の礼とみるべきである、と指摘している。

廿八日辰刻、秀頼公入洛、則家康公の御所二条江御越、家康公庭上迄出給、秀頼公慇懃礼謝し給、家康公座中江入給後、秀頼公庭上より座中へ上給、先秀頼公を御成之間江入申、其後、家康公有出御、互の可有御礼之旨、家康公曰と云共、秀頼公堅有斟酌、家康公を御成の間江奉出し、秀頼公遂礼給、膳部彼是美麗に出来けれ共、還而可有隔心かとて、たゝ御すい物迄也、大政所是は秀吉公の北の御方也、出給相伴し給、頓而立給、右兵衛督、常陸介途中迄被相送、（以下略）（「当代記」）

家康が駿府に帰ったあとの六月二十四日、豊臣家の後ろ楯となっていた加藤清正が死去し、その子虎藤が跡を継ぐことになった。虎藤はまだ幼いため藤堂高虎たちが国政を監督することになった。

駿府記登場

この年の八月一日、駿府城に新たな史官が置かれ、日々の記録「駿府記」が書き始められた。駿府記の著者は林信勝（羅山と号し剃髪して道春という）といい、あるいは貨幣鋳造家の後藤庄三郎が駿府在職中に記したとも伝わるが確証はない。ただ内容からみて家康の側近く仕えた者でなければできないことであり、徳川家康研究には欠かせない一級史料である。この記録は慶長十六年八月一日から慶長二十年すなわち元和元年（一六一五）十二月二十九日まで約四年半にわたるものであるが、しばらくはこの史料をもとに話をすすめていく。

八月二日、徳川三兄弟が揃って藤堂高虎邸を訪れ、饗宴・能・相撲・風流踊りを楽しんだ。帰ってから今日のことが話題となり、家康もご満悦のようであった、とある。家康にとって我が幼い子の興じる話は至福のひとときであったろう。

二日　宰相殿（宰相は参議の唐名・義直のこと）、中将殿（頼宣）、少将殿（頼房）、藤堂和泉守高虎の亭に渡御す。埦飯《おうばん》以後、能五番あり。水無瀬宰相親留入道一斎、鈴木久右衛門尉等、平生これを好む故これを役す。前々此の戯ありといえども、今日殊に興あり。次に相撲あり。筋力ある者　五番を以て勝となす。次に風流躍あり。和泉守の侍児卅四人、錦繍を裁し、金銀を縷し、飾粧してこれをなす。奇観とすべきなり。本多上野介正純・成瀬隼人正正成・永井右近大夫直勝、村越茂助直吉、松平右衛門佐正久（正綱）、後藤庄三郎光次等、側に侍してこれを見る。昏黒に及んで帰らしめ給う。今日の事、御前に於て公達話らしめ給う。大御所頗る御喜悦の気ありと云々。

（「駿府記」）

その後も家康をはじめ、子供たちも度々高虎邸を訪れている。徳川家と藤堂家の関係はますます深まっていった。

十月六日、家康は関東で鷹狩りを行うため駿府を出発した。十四日は相模神奈川で秀忠の出迎えを受け、十六日に江戸城西の丸に入った。その後増上寺の参詣や江戸近郊での鷹狩りを行い、二十九日には武蔵川越に向かった。

天海との出会い

慶長十六年十一月一日、家康が川越で鷹狩りした夕刻、天海が仙波（川越）の北院と家康のもとを訪れ謁見した。このとき北院は家康から寺領を寄進すると言われた。これが家康と天海が出会ったことを確実に示す初見史料である。当時の天海はまだ比叡山の僧であった。

朔日　御放鷹、秉燭《へいしょく》以後、山門南光坊（天海）、仙波北院等御前に出で、仙波所化堪忍料として寺領御寄附あるべきの旨仰せ出さると云々。

（「駿府記」）

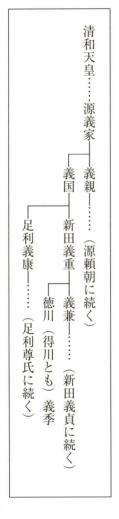

先祖新田氏の旧跡調査

家康は天海と出会ったのち、五日に鷹狩りの場を忍（埼玉県行田市）に移した。七日、家康に呼ばれていた増上寺の源誉が不残、呑龍《どんりゅう》、廓山《かくざん》を伴い忍に着いた。源誉が家康に呼ばれたのは三月に鎮守府将軍を追贈された先祖の新田義重の菩提所を建立する地があるか調べるためであった。新田義重は鎮守府将軍八幡太郎源義家の孫で父は源義国、徳川松平家の祖とされる徳川義季《よしすえ》の父である。

（十一月）七日、増上寺国師（源誉）、御諚により忍に来り給う。不残長老、呑龍長老、廓山長老相随いて参る。御前に於て仏法の御雑譚ありと云々。

「清和源氏略系図」

清和天皇……源義家─┬─義親……（源頼朝に続く）
　　　　　　　　　└─義国─┬─新田義重─┬─義兼……（新田義貞に続く）
　　　　　　　　　　　　　│　　　　　　└─徳川（得川とも）義季
　　　　　　　　　　　　　└─足利義康……（足利尊氏に続く）

十一月九日、家康は源誉に成瀬正成・土井利勝を添えて義重が住んでいたといわれる新田（群馬県太田市）に派遣した。源誉らが新田から家康のもとに戻ったのは家康が忍から川越に移った十三日の夜のことである。源誉らの調査結果は新田義重・義貞の菩提所の昔の旧跡が見つかった、ということであった。家康はこれを聞いて大変満足気な様子であった、とある。

九日、増上寺国師、新田に赴かる。これ御先祖様新田義重鎮守府将軍を贈官し給えば、すなわち彼の地に於て、新田代々の御菩提所御建立あるべく、然るべき地形これあるや否や聞こし召すべき故なり。土井大炊助、成瀬隼人正相添えらると云々。十三日、今朝忍より川越に至り給う。（中略）今夜、増上寺国師及び成瀬隼人正、土井大炊助、新田より帰参して申し云う、彼の地に於て義重・義貞の菩提所、昔の旧跡これありと云々。これを以て御気色快然と云々。

それから二年後の慶長十八年春、家康は義重旧跡の地に寺を建立した。同年四月十三日、源誉に従って新田の調査に来た芝増上寺の呑龍を開山の住持に据え、寺名を義重山大光院新田寺とした。これが現在群馬県太田市金山町にある浄土宗大光院で、本堂は創建当時の建築とされている。その後家康は鷹狩りをしながら十一月二十三日に駿府に帰った。

慶長十七年（一六一二）一月七日、家康は名古屋城築城の状況を視察するため駿府を出発し名古屋に向かった。途中二十日に岡崎に到着した家康はしばらく鷹狩りに興じたのち、二十六日に先祖松平家の菩提所大樹寺に参詣し、続いて父広忠の墓所松応寺に詣でた。

松応寺は岡崎城内で非業の死をとげた広忠が密葬された場所で、桶狭間の戦い後に岡崎に帰った家康が墓近くに建立した寺である。

かつて家康は今川方の人質となって尾張熱田から駿府へ赴く途中、父の墓に立ち寄り、その場所がわかるように松の木を植えた。岡崎に再び帰った家康はその松が大きく育っていたことを喜び松にちなんで寺号をつけたという。現在も墳墓上に松が植えてあるだけの簡素な墓である。

松平広忠の墳墓（松応寺）

廿六日　大樹寺参詣、これは御祖父（松平清康）御菩提所なり。銀子五十枚住持僧に賜う。又松応寺に参り給う。これ故大納言殿（松平広忠）御墳墓所なり。銀子五十枚院主に賜うと云々。

翌二十七日、名古屋に到着した。名古屋では築城の工事を視察し、また城主義直の守り役であった平岩親吉が先般死去したので成瀬正成・竹腰正信に付家老を命じ国政を任せることにした。名古屋での滞在はわずか二日間であり、正月二十九日に名古屋を発って二月十一日に駿府に帰った。

同月十四日、側近に東鑑（吾妻鑑）と源平盛衰記との異同について考えさせた。

八月十八日、家康は金地院崇伝と板倉勝重に社寺のことを取りしきるように命じた。ここに崇伝と勝重との密接な関係が生まれる。また十二月九日には林道春に駿府に転居するよう命じた。

慶長十八年（一六一三）、家康と昵懇の仲にあった吉田神道の神龍院梵舜が三月八日に京を発って同十四日に駿府に到着した。その後梵舜は崇伝や本多正純らに面会するなど所用を済ませ、十七日になって駿府城に登城して家康に謁見した。このとき梵舜は家康から神道について尋ねられているが、内容は不明である。

梵舜は五月初めまで駿府に滞在したが、その間、駿府城で開かれた能見物や食事の接待、真言宗論議の聴聞、大工頭の中井正清や藤堂高虎・大久保長安・駿府に来ていた京都所司代の板倉勝重らへの挨拶、駿府浅間社の神事の見物など忙しい毎日を送った。

四月十七日、梵舜は神道の書物を家康にお目にかけようと崇伝と打ち合わせをして駿府城に登城したが、あいにくこの日は家康の体調が悪く、後で見るとの仰せがあり駿府城を後にした。

五月一日、梵舜は駿府城に出向いて江戸に向かう挨拶をし、二日に駿府を出発した。江戸に着いたのは四日後の同月六日であり、八日には本多正信・酒井忠世・大久保忠隣らに挨拶を済ませ九日に江戸城に登城して将軍秀忠に謁見した。

その後梵舜はしばらく江戸に滞在したが、十六日になって江戸を出発し二十日に再び駿府に到着し、翌二十一日に駿府城に登城して到着の挨拶をした。

神道伝授を拒否

六月四日、駿府城の家康から梵舜に神道の伝授を受けようとの仰せがあり、伝授の日が六月六日と決まった。

四日、吉田神竜院梵舜、神道御伝授あるべき旨、仰せ出さる。明後六日卯刻と定めらると云々。

伝授当日の六日になって梵舜は駿府城に登城した。しかし家康は神道の伝授を受けないと言い出した。家康はその後梵舜・崇伝と仏法の雑談にふけった。

六日、吉田神竜院出仕、南殿に出御、其の期に臨み、神道伝授秘密の事、すなわち聞くべからざるの由仰せ出さる。神竜院、金地院、仏法御雑談ありと云々。

梵舜は同月十六日にも登城し、家康から種々神道について尋ねられたが、神道伝授が話題にのぼることはなかった。これで家康への神道伝授は立ち消えになったようである。

六月四日から六日の間に家康の心境がこうも変わったのは何故だろうか。家康の心境変化について辻善之助氏はこう説く。

「今これを明言するに足るべき材料を欠いているけれども、恐らく家康の綿密なる思慮が然らしめたものであろう。家康は一旦これを伝授せんと約したものの、又思い返す所あり、その一道に偏して他の諸道に対して公平の態度を失わんことを恐れ、且は又さきに源誉について血脈を受けて、その後益々彼の増長したことを思い、一道の伝授を受けたことは、その弊害の起こるべきを憂えて、これを止めるのが得策と思ったのではないだろうか。よってこの理由から考えても家康が天海に神道を授かったとするは信じることができない」

大坂冬の陣

慶長十九年（一六一四）正月、家康は江戸城で新年を迎え、その後近辺で鷹狩りを楽しんだのち、同月二十一日に江戸を発って二十九日に駿府に帰った。

関ヶ原合戦以降家康は豊臣・徳川の共存共栄を図ってきたが、晩年になるにしたがってそこには重大な欠陥があることに気付いたようだ。この安定した政治体制は家康という個人の武将としての卓越した威厳と人望つまりカリスマ性がもたらすものであり、もし家康が亡くなれば秀頼を頂点とする豊臣政権が復活して再び戦乱の世となることは必定であると意識するようになった。

慶長十六年の家康と秀頼の二条城会見以来、豊臣家が信頼していた三武将のうち加藤清正と浅野幸長が相次いで死去した。残るのは福島正則ただ一人である。

しかし家康は軍事行動を起こすことをためらっていた。旧主家である豊臣家を討伐するには倫理上の問題をクリアしなければならなかった。

ところがここにきて思いがけない事態が転がり込んできた。かの有名な「方広寺鐘銘事件」である。ことの発端は慶長十九年七月二十一日のことであった。駿府記の同日条に記されているのが事件の始まりである。

廿一日、（前略）伝長老（崇伝）、板倉内膳（重昌）両人これを召す。仰せて曰く、大仏鐘銘、関東不吉の語、上棟の日、吉日にあらず。御腹立ちと云々。

よく鐘銘事件を仕掛けた人物は金地院崇伝とされているがこれは誤りである。駿府記にあるように崇伝は初めて家康から鐘銘問題を聞かされたのである。また崇伝が記した七月二十七日付の片桐且元宛に出した書状（「本光国師日記」以下「国師日記」という）からみても崇伝から発せられたものでないことは明らかである。

（前略）今度鐘銘、何事哉覧永々と昔之聖武以来代々之儀を書付ほり入、金を以字を入なと、又者棟札をも誰と哉覧に、様々被為書候なと丶被立、御耳に立てられ候衆有之故、拙老式にも被成御尋候へ共、一円（一向にの意）不存儀に候條、その様子不存通申上候。末代に残事に候條、誰人にか丶せ、かように文体仕候と、可被得上意儀と被成御諚候。（以下略）

七月廿七日卯刻　　　　　　　　　　金地院

片桐市正（且元）様尊報　　　　　　　　　　　（「国師日記」）

内容は方広寺の鐘銘文に問題があるように家康に告げた人物があったので、家康から自分にも銘文の是非についてお尋ねがあったけれども、自分はそのことは全く知らないことであったので、鐘銘をめぐる事情については存じない旨、お答えした、というものである。

八月二日には中井正清から東福寺の僧清韓が撰述した梵鐘の銘文が届いた。文中にある「国家安康」と「君臣豊楽」の各四文字が問題視されたのである。

これより先、鐘銘の是非をめぐって事態は悪化の一途をたどり、方広寺の落慶法要も無期限に延期となり、大坂の陣へと突き進んでいく。

十月十一日、家康は駿府を出発し二十三日には二条城に到着した。この戦いには崇伝や天海も同行している。秀忠が五万の軍勢を率いて京都に到着したのは十一月十日であった。家康・秀忠両者は同十八日に合流して茶臼山で軍議を開いた。

この頃になると徳川方は約二〇万の軍勢にふくれあがり、大坂城の周りを固めるに至った。一方の豊臣方は各地の有力大名に助勢依頼を行ったがこれに応じる大名はなく、関ヶ原合戦後に浪人となった者たちが好機到来とばかりに続々と大坂城に入城してきた。その数は一〇万ともいわれている。このなかには高野山麓九度山に幽閉の身となっていた真田信繁や黒田官兵衛元家臣の後藤基次（又兵衛）、関ヶ原合戦後に改易となった土佐の長宗我部盛親《ちょうそかべもりちか》などが含まれていた。

戦いは十一月十九日早朝に蜂須賀至鎮隊が大坂城西にある木津川口の砦を攻撃し陥落させたことから始まった。

真田信繁の真田丸

大坂城は大坂の北東に位置する上町台地に築かれ、西に淀川と大阪湾を控え、北は天満川（現在は寝屋川）、東には平野川と湿地帯に囲まれるなど、自然の要害に恵まれた地であった。ただしその南方面は緩やかな斜面のほかには地形の変化に乏しくただ空堀をめぐらすだけであって防御の弱点となっていた。真田信繁はこの弱点を補強するため真田丸とよばれる砦を築き鉄砲隊を配置した。

徳川方もその弱点を見抜き大坂城南方に主力一〇万を配置した。家康はその左後方の茶臼山に、秀忠は右後方の岡山に本営を置いた。真田丸に対しては、正面に加賀の前田利常、その西に近江の井伊直孝、さらにその西に越前の松平忠直というように今は亡き関ヶ原合戦時の前田利長・井伊直政・結城秀康の後継者たち三人を配置した。さらに家康の前面には経験豊かな藤堂高虎・伊達政宗が配置された。

十二月四日未明、前田の先鋒隊が進軍を開始し真田丸に取りついたが、夜明けとともに真田隊は猛反撃を開始し前田隊に銃弾を浴びせかけた。前田隊は死傷者が続出したので、第二陣、三陣と繰り出したが、いずれも真田丸を囲む堀柵に設けられた鉄砲狭間から撃ち出される銃弾の前にいたずらに死傷者を増やすばかりであった。それを知った井伊直孝と松平忠直の部隊は先を競って突撃したが鉄砲の猛攻に対抗できず動きを封じられた。

戦況は正午になっても変わらず、午後三時頃になって井伊隊が撤退し始めたのを皮切りに諸隊も撤退し、午後四時頃、真田丸の攻防戦は終了した。この戦いで徳川方の戦死者は数千人にのぼるというが、騎馬侍だけを見ても松平家の戦死者が四八〇、前田家が三〇〇、井伊家が負傷者を含めて一二〇という数字が残されている。徳川方にとって敵方ではあるが信繁の見事な采配であった。

二〇万の軍勢でも、無理攻めでは大坂城を落とせないとみた家康は、あらかじめ調達しておいた大砲による攻撃に変更した。家康は大坂城攻めに備え、軍事先進国イギリス・オランダから大砲を購入し、近江国友・和泉堺の鉄砲鍛冶に大砲の鋳造を命じていたのである。当時の大砲は炸裂弾ではなく、鉄球を飛ばすだけのものであり、しかも射程距離が短いことから平原での合戦には不向きであった。

家康はこの短所を知ったうえで、大坂城本丸に最も近い淀川中洲の備前島に大砲を据え昼夜を問わず連日砲撃を加えた。この砲撃音によって城内は心理的に追いつめられていった。特に砲弾が天守閣の柱を直撃して天守閣を傾かせ、淀君の居間を打ち砕くに至り大坂城内はあきらめの境地と和議休戦を望む雰囲気が広がっていった。

頃合いをみていた家康は淀君の次の妹にあたる常高院を使者に立て和議の交渉にあたらせた。

十二月十八日の交渉は不調に終わったものの、翌十九日の二回目の交渉で和議が成立した。その内容は秀頼の身の安全と所領安堵を保証し、もし大坂城を明け渡すのであれば代わりの国を望み次第に進上する。また淀君を人質として江戸に送ることはせず、籠城の浪人衆の罪を問わないとするものであった。さらに和議の条件として大坂城の堀の埋め立てを行うことがつけ加えられた。

和議成立後の二十四日、家康は本多正信・土井利勝をはじめとする諸大名の挨拶を受けたがこのなかには越前松平忠直の弟、一八歳の伊予守忠昌も含まれている。その後天海・崇伝も家康の前に罷り出て一時雑談した。翌二十五日、家康は茶臼山の陣を引き払い二条城に戻った。

大坂夏の陣

慶長二十年（一六一五）一月、家康は二条城で正月を迎え、三日に二条城を出発、名古屋・岡崎でしばらく逗留したのち、二月十四日に駿府城に帰った。

一方、大坂城の堀の埋め立て工事は一月二十二、二十三日頃に終わった。この工事は総堀を埋めてしまう大工事であり約一か月もかかった。

三月十六日、京都所司代の板倉勝重が大坂城の様子を伝えるため駿府に来た。大坂城では外郭の堀を浚い、柵をめぐらして防備を固め、また食糧を買い込み浪人の募集をさかんに行っている、と報告した。

四月四日、家康は名古屋の義直婚儀のためと称して名古屋に向けて出発した。これはあくまで口実で、目的は多くの浪人を抱え軍備を整えている大坂城を攻撃するためである。

翌五日、田中（静岡県藤枝市）にいた家康のもとに秀頼の側近大野治長の使いが来て、これ以前に家康が勧告しておいた淀君・秀頼の大坂城から別の地への移封を拒否する旨伝えてきた。この大坂方の勧告拒否によって家康は大坂城攻撃を決断し、六日から七日にかけて全国諸大名に対し出陣命令を発した。

家康は四月十日に名古屋に到着するが、将軍秀忠は同じ十日に江戸を発ち上洛の途についた。十二日に義直の婚儀を済ませた家康は、十五日に名古屋を出発して十八日に二条城に入った。秀忠は二十一日に伏見城に到着した。

翌二十二日、家康は二条城において軍議を開いた。軍議に招かれたのは秀忠並びに本多正信・本多正純・土井利勝・安藤重信・藤堂高虎ら参謀である。

京都に集結した徳川方の軍勢は一五万五〇〇〇、一方の大坂方は五万五〇〇〇に過ぎなかった。しかも大坂城は堀が埋められ裸城同然であったから戦う前から勝敗は決していた。

大坂夏の陣は四月二十六日から二十七日にかけて大和郡山・奈良方面で豊臣方がしかけた戦いに始まり、二十八日から二十九日には堺・岸和田方面の戦いへと移っていった。いずれも徳川方の反撃により豊臣方は大坂城に撤退した。

四月二十六日、徳川方の松平忠輝率いる三万五〇〇〇が大和方面に先発し、五月五日には家康と秀忠の主力部隊一二万が京都を出陣した。

ここに本書で初めて家康の六男忠輝が登場する。忠輝は慶長十一年一五歳のとき伊達政宗の娘五郎八《いろは》姫と結婚、その後累進を重ね慶長十五年に越後福島六〇万石を領するようになり、同十九年には越後高田城に移っていた。

五月六日、各地で激しい戦闘が展開された。道明寺では後藤又兵衛が徳川方の大軍と激突し、又兵衛は伊達政宗の隊によって討ち取られた。また誉田では真田信繁・毛利勝永隊が伊達政宗と松平忠直隊に挑んだが勝敗を分けた。

道明寺の戦いと並行して若江でも戦端が開かれた。豊臣方の木村重成率いる四七〇〇が藤堂隊の右先鋒である藤堂良勝・良重率いる部隊に攻撃をしかけ、これを崩した。

一方、高虎と先鋒を任されていた井伊直孝は高虎の通報を受けて五六〇〇の兵を率いて木村勢に挑んだ。井伊隊は最初劣勢であったが、次第に優勢に転じ、木村成重を倒し木村隊を壊滅させた。

また八尾方面でも長宗我部盛親と藤堂高虎の別部隊が激突したが、藤堂隊は総崩れとなり馬上六〇騎・兵二〇〇〇人が討ち取られた。その後藤堂隊は態勢を立て直し、両隊は対峙を続けたが、若江の戦いで木村隊の敗北が伝わると長宗我部盛親は撤退せざるをえなくなった。大坂城は今や徳川方の大軍に包囲され落城の日を待つばかりとなった。

最終決戦、天王寺・岡山口の戦い

五月七日、大坂の陣の最終決戦は大坂城南方の天王寺・岡山方面が主戦場となった。

徳川方の先鋒は藤堂高虎と井伊直孝がつとめるはずであったが、前日の戦いで両隊が消耗した

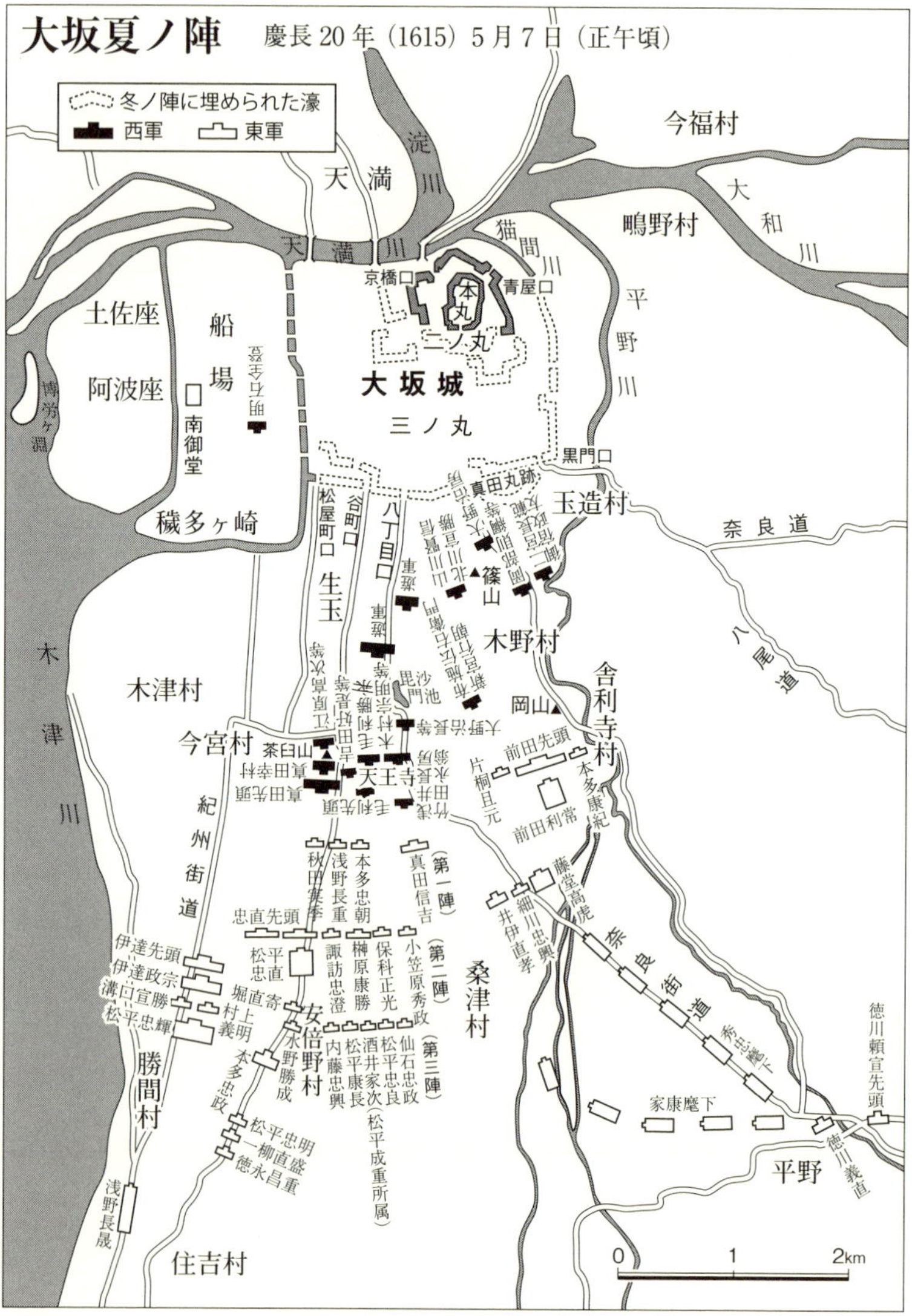

大坂夏ノ陣　慶長20年（1615）5月7日（正午頃）

ことにより、代わって天王寺口の先鋒大将に本多忠勝の次男本多忠朝、岡山口には前田利常があたることになった。この先鋒配置に対して松平忠直が異をとなえた。自分を先鋒に回すよう家康に願い出たのである。しかし家康に昨日の藤堂隊の劣勢を前にして忠直隊が傍観していたことを叱責されこの願いは退けられた。ところが激高しやすい忠直は抜け駆けの挙に出て、午前七時頃には天王寺西南の敵陣から一キロメートル先の前線に隊を進めた。

徳川方の諸将が午前中に予定された地に着陣したことにより家康は本陣を天王寺方面へ進めた。一方の豊臣方も城外南方の決戦を目論み、真田信繁を茶臼山、毛利勝永を天王寺の南門に配置した。

正午頃、徳川方天王寺口の先鋒本多忠朝の部隊が毛利勝永隊の前衛に向けて発砲し、本格的な戦闘が始まった。

毛利勝永は足軽鉄砲隊に命じて向かってくる本多隊に一斉射撃を浴びせ、同時に毛利本隊を本多隊に突撃させて本多忠朝を討ち取った。さらに毛利隊の右の部隊は秋田実季・浅野永重隊を撃破し、左の部隊は本隊とともに病身の真田信幸に代わって出陣していた長男の信吉と次男の信政に猛攻撃を加えこれを敗走させた。

天王寺の東方面で大野治長の部隊と戦っていた小笠原秀政隊にも毛利隊が襲い壊滅させた。続いて毛利の本隊は第二陣の榊原康勝・千石忠政隊をあっけなく破り、その後ろに控えていた第三陣酒井家次・相馬利胤・松平忠良ら五三〇〇余りの隊をも敗走させた。酒井家次隊には下野国日光領主の松平成重隊の姿もあった。成重隊は馬上四三騎の少数ながらこのとき一二人を討ち取ったが、戦死者も多数出たようである。そしてついに毛利隊は徳川家康本陣に突入していった。信繁に勝るとも劣らない活躍を見せた毛利勝永は一般にあまり知られていないが、関ヶ原合戦時に石田三成側に与したかどで土佐に配流され、大坂の陣が勃発するや土佐を抜け出し秀頼の麾下に入った武将である。

徳川方の第一陣、第二陣が崩れ去るのを見た茶臼山の真田信繁は三五〇〇の兵を率いて目の前の越前松平忠直隊一万五〇〇〇に突撃を開始した。松平隊も決死の覚悟でこの戦に臨んでいることから両隊の士気は高く乱戦となった。

このように家康本陣は一時脅かされる局面もあったが、越前勢や岡山口から派遣された井伊・藤堂隊が家康本陣を固めたことにより、毛利・真田隊の進撃は阻まれ、信繁は自ら殿《しんがり》をつとめてその場を引き揚げた。豊臣方の前戦本営である茶臼山は越前勢らの攻撃で陥落し山上に旗が掲げられた。

戦場ではまだ戦が続くなか、信繁が疲労困憊《こんぱい》して山北の安居《やすい》神社で休息していたところに松平忠直隊の鉄砲頭西尾宗次が来て戦いとなり、信繁は槍で討たれて戦死した。

信繁の戦いぶりは、細川忠興に「古今なき大手柄」、島津忠恒に「真田日本一の兵《つわもの》」と言わせるほどであった。

毛利勝永は真田勢が崩壊し、茶臼山が陥落したとみるや戦場を離脱して大坂城に逃れた。

一方、岡山口では天王寺口での開戦を確認した秀忠が前田利常率いる前田隊に進撃を命じた。迎え撃つ豊臣方は大野治長の弟治房である。秀忠の前備えに配されていた藤堂・井伊勢は天王寺口で本多隊が崩されたのを見てそちらに転進していった。

両軍激突後、戦いは次第に混戦状態に陥った。治房は自ら鉄砲隊を率い迂回して手薄になっていた秀忠本陣に突撃を敢行した。本陣は崩れる危機に瀕したが、秀忠麾下の黒田長政と加藤嘉明が陣頭に立って猛攻をしのぎ戦列が立て直された。その後、本多正信・土井利勝ら秀忠参謀が旗本勢を鼓舞し、天王寺口で戦っていた井伊勢が転進してきたため、秀忠隊は激戦の末に大野治房隊を退けた。

天王寺・岡山の両口とも三時間にわたる激戦の末に勝敗は決した。豊臣方の残兵は城中へ引き返し、徳川方は勝ちに乗じて三の丸に迫った。そして城の周りに駐留していた徳川方の諸隊二万も一斉に押し寄せていった。

午後五時頃、深手を負って戦場から帰還した大野治長は千姫とその侍女に護衛を付けて城外へ脱出させた。治長は自分がこの戦争の一切の責任を負うものとして、秀頼母子の助命嘆願を願い出たのである。

大坂城落城

五月八日、千姫から助命嘆願を受けた徳川陣営は秀頼に対する最終処分を検討した。家康にはためらいがあったようだが、秀忠は千姫が秀頼とともに自害しなかったことを叱責し秀頼母子の助命を拒絶した。

助命拒絶の報は山里廓の土蔵にいた秀頼母子に暗黙のうちに伝えられた。廓を警護していた井伊直孝・安藤重信の兵が蔵に向けて発砲したのである。観念した母子は自害、大野治長・毛利勝永・信繁の子幸昌（大助）・治長の母大蔵卿ら約三〇人の男女がこれに殉じ蔵に火がかけられた。同日正午頃のことであった。ここに豊臣家は滅亡し、徳川家康は名実ともに天下統一を成し遂げたのである。

秀頼自害の報を聞いた家康は大坂城に入り見分を済ませたのち、京都に向かい午後八時頃二条城に帰還した。秀忠は麾下の将士に大坂城の城門警備を命じ、さらに安藤重信らには城内の金銀改めを命じて翌九日に伏見城に戻った。

その後、二条城において合戦の論功行賞が行われた。この合戦の戦功第一は松平忠直率いる越前勢とされたが、恩賞は脇差しと牧鶏筆の画幅だけで領地石高の加増はなかった。

忠直に次ぐ功労者は井伊直孝と藤堂高虎とされ、直孝には近江国において五万石、高虎には伊勢国において同じく五万石が加増された。忠直はこれを契機として次第に不満を抱くようになり将軍家との間も疎遠になっていく。

同じく夏の陣で大和口の大将を任された家康六男の忠輝は、戦い後忠輝の不始末が家康の耳に届き勘当されてしまった。忠輝は家康危篤の際にも対面を許されず、家康が死去すると三か月もたたないうちに将軍秀忠の命で領地は没収、改易となり伊勢朝熊へ流された。

武家・禁中並びに公家諸法度の制定

閏六月二十四日、将軍秀忠は崇伝に武家諸法度の制定を命じた。その後崇伝は草案を作成し、七月二日に家康に閲覧し了解をえたうえで、伏見の秀忠に報告した。

七月七日、秀忠は伏見城に諸大名を招集して「武家諸法度」を制定したことを伝え、崇伝に命じて「文武弓馬の道専ら相嗜《たしな》むべきの事」から始まる十三か条の「武家諸法度」を読み上げさせた。

秀忠は武家諸法度制定に続いて七月十七日には「禁中幷公家諸法度」を制定した。この日秀忠は家康のいる二条城に朝廷を代表する前関白の二条昭実と前右大臣の菊亭こと今出川晴季を招き、朝廷と幕府の間を取り持つ武家伝奏の広橋兼勝に「天子は諸芸能の事、第一御学問なり」から始まる十七か条の「禁中幷公家諸法度」を読み上げさせた。

この諸法度は禁中だけで定めたものでなく、この諸法度の最後に二条殿・公方秀忠・大御所家康が連署しており、公武・朝幕合意のうえで交付されたことがわかる。

この席にはもう一人の武家伝奏三条西実条と公家衆のほかに崇伝も同席していた。この諸法度制定にも崇伝が深く関わっていたようである。

この間の七月九日、天海と崇伝が家康の前に出たところ、家康は豊国社の取扱いについて「豊国社は破却したいが、思うところがあり、とりあえず大仏殿の裏に遷し置くことにする。太閤と大仏の鎮守であるから」と仰せになり、両僧は最も適切な処置です、と言上した。この遷し置きなさいというのは社殿ではなく御神体を意味する。しかし家康死後の元和五年、そのままになっていた社殿の修理が禁止され、豊国社は朽ちるにまかせることとなった。現在の豊国神社は明治時代に再興されたものである。

前殿に出御。南光坊僧正、伝長老。しこうして仰せて曰く。豊国社毀ち捨つべき叓、本意といえども、子細思うことのあるの間、大仏（方広寺）廻廊の裏に遷し置くべし。太閤、大仏の鎮守たるべしと云々。両僧最も然るべきの由言上す。

七月十三日には元号が慶長から元和へと改元された。元和はのちに「元和偃武《げんなえんぶ》」と呼ばれるようになるが、偃武とは武器を使わないことであり戦国の争乱がおわり、日本の国が平和になったことを意味している。

また、この改元は家康の提唱によるものであったことが次の記述から読み取れる。

（閏六月）十七日、（前略）来月改元十三日に定むべき由、両伝奏に仰せ渡さると云々。
（七月）十三日、（前略）今夜改元あり。元和と号す。（以下略）

大坂夏の陣において豊臣家を滅ぼして名実ともに天下を統一した家康は、元和改元に並行して日本国経営の基本となる二つの諸法度つまり法律を制定したのである。これが家康最後の仕事となった。

七月二十八日、二条昭実は再び関白職に復帰した。

その後家康は八月四日に二条城を離れ二十三日に駿府に帰還した。崇伝は京都南禅寺にしばらく滞在し、駿府に帰ったのは九月二十七日であった。

崇伝が駿府に到着して間もない九月二十九日、家康は関東鷹狩りのため駿府を出発した。鷹狩りは川越・忍など武蔵国北部にまで及び、駿府に帰ったのは十二月十六日のことである。

駿府記はこの年の十二月二十九日の記述をもって終わる。

8 仏教との関わり

増上寺を菩提寺に

天正十八年（一五九〇）八月、家康は江戸に入城するや武蔵国豊島郡貝塚にあった浄土宗増上寺を徳川家の菩提寺とした。当時増上寺の住職は十二世源誉存応上人がつとめており、これが家康と源誉との初めての出会いである。

慶長三年（一五九八）、家康は増上寺を現在の港区芝に移し、翌慶長四年には朝廷に源誉の紫衣着用を認めるよう奏請し許された。紫衣とは天皇が高僧に下賜した格式の高い僧衣のことである。

さらに慶長十年（一六〇五）には増上寺の造営に着手し、数年かけて七大伽藍を完成させた。こうして家康は徳川家の菩提寺としての増上寺に手厚い庇護の手を加えたのであった。

慶長十三年（一六〇八）八月二十六日、駿府に移っていた家康は増上寺の源誉以下一二〇人を駿府城に招いて法問を論じさせた。これが家康仏法論議の初見史料である。この日駿府城に来ていた将軍秀忠も同席して聴聞した。

廿六日、於御城、浄土宗江戸ゾウ浄寺（増上寺）長老（源誉）、所化衆（弟子たち）百廿人斗被召具、於御前法文御所望、数刻也、夜入令帰宅、江戸将軍も御聴聞也、

（「舜旧記」）

九月十五日、家康は源誉から浄土宗の血脈伝授を受けた。家康が天海から天台の血脈を受ける六年前にすでに浄土宗の血脈を受けていたのである。

自江戸増長（上）寺、浄土宗長老駿府へ来臨、大御所三條血脈、三日精進潔斎し、十五日被行之、

（「当代記」）

同年十一月十二日、増上寺は勅願所とされ、また源誉一代限りでなく代々の住持に紫衣着用が

許された。勅願所とは天皇の命令いわゆる勅命によって国家鎮護・玉体安穏を祈願する寺のことである。

　慶長十五年（一六一〇）、家康は京都所司代の板倉勝重に命じて増上寺源誉の国師号下賜を朝廷に奏請し、七月十九日に至って源誉は浄土宗でも稀な国師号を賜った。これより源誉は普光観智国師と称するようになる。

　慶長十六年（一六一一）十月二十日、家康が江戸城西の丸にいたとき、源誉は弟子の呑龍、了的、廓山らを連れて家康と対面した。このとき家康は装束を改め厚く待遇したが、この頃になると増上寺は優秀な人材を抱えていたことがわかる。

増上寺山門

> 廿日、増上寺観智国師登城す。御装束を改め給い、御対面あり。呑龍、了的、廓山等御前に出づ。これ国師の御弟子、当時浄土の知識なりと云々。

　その後、家康は鷹狩りに出かけ、天海との出会いがあり、また先祖の旧跡調査のために源誉を新田に行かせたことは前述した。

　慶長十八年（一六一三）七月十五日、源誉が駿府の報土寺に身を寄せていたところへ、午前十時頃、家康が本多正純・成瀬正成・村越茂助・松平正久ら百余人を従えて訪れ、十二時頃まで法問を聴聞した。その後源誉はしばらく駿府に滞在していたが、九月二日に駿府城に登城して仏法を論じた。

このとき源誉は家康が嫌う他宗批判を行うという失態を冒した。源誉が天台宗を非難したのである。これを聞いた家康はこれを不快とし、以後天台宗を崇敬するようになったという。

二日、増上寺源誉国師登城、仏法御密譚、御内存に叶わずと云々、天台四門のところこれを毀《そし》り給う。御意に叶わず。天台宗御崇敬と云々。（「駿府記」）

このときと思われる話が大道寺友山著の岩淵夜話別集に載っている。三次史料でもあり確証はないが、家康の宗教観が端的に表れているので紹介しておく。

「江戸の浄土寺の和尚駿府に至り、家康に謁し、屢々《しば》夜話に上った。ある時語って曰く、仏法は元来釈迦の一法をなるを、末世に至り、八宗十宗とてさまざまに分かれた。されども固より釈迦の一法なればとて、諸宗を信仰して、種種と踏迷はんは宜しからず。諸宗共にこれを嫌ふ。殊に念仏宗にあって然りとすと。家康之を聞いて、如何にもさることとあらん。さりながら後世を願ふ上には、大身と小身との二様あるであろう。その故は、我身一身の後世を願はん者は、偏に一宗に頼るのもよいであろうが、若し天下万民の為めに後世を願はん者は、さる偏執を起すべきではない。要は天下万民の信仰する所は、諸宗まちまちである。されば天下国家を保たんとする者にあっては何れの宗をも捨てずして、均しく之を信ずべきではあるまいか」

三河一向一揆の教訓もあったのだろう、家康の庶民の信仰に対する考え方はあくまで公平であり天下を治める者としての風格が感じられる。

その後、源誉はしばらく家康に疎んじられ、登城する機会も少なくなった。源誉に代わって家康の信任をえたのが廓山上人である。家康が大坂に在陣中の慶長十九年十二月一日、家康の命で昨年来、奈良で就学中の浄土宗伝通院の廓山上人が家康の見舞いに来てしばらく浄土宗の雑談をした。廓山上人は同月四日にも崇伝と家康に面会し、奈良に帰った。

（慶長十九年十二月）一日、（前略）廓山上人奈良より来り、御前に出づ。暫く浄土宗御雑談あり。（以下略）四日、（前略）今夜、金地院、廓山上人御前に出づ。捻攻日取書金地院これを読む。又廓山上人、明日奈良に帰るべきの旨言上す。此の僧浄土宗といえども、仰せを蒙り、去冬より奈良に於て、唯識論を粗習と云々。

その後、浄土宗にとって思わぬ機会が廻ってきた。大坂夏の陣後の慶長二十年閏六月四日、廓山上人は二条城にいた家康に招かれ浄土宗法度を下すことを伝えられ、十四日に御朱印を賜った。このとき廓山上人は江戸浄土宗を代表し自身の伝通院と増上寺の法度を受けたという。さらに同月十七日になると源誉、呑龍、廓山ら一二人が招かれ浄土法問を行った。

この時期は後述する天海が失言を冒した翌月のことであり、これまで天台宗に傾いていた家康の心境に何らかの変化があったのかもしれない。

（慶長二十年閏六月）

八日、廓山上人御前に出づ。浄土宗法度成し下さるべき由、仰せにより件の條子持参と云々。大蔵一覧一部これを拝領す。先日、松薫御前に出づ。時に、大中寺曹洞宗法度御朱印出し下さる。

十四日、今日浄土法度御朱印を廓山上人に賜うと云々。

十七日、前殿に於浄土法問あり。即座仰せ付けらる。題は難易二道と云々。増上寺国師（源誉存応・観智国師）、呑龍（然誉）、了的（桑誉）、廓山（正誉）十二人と云々。

（以上「駿府記」）

八日に記されている大中寺とは下野大中寺のことで、すでに慶長十七年五月二十八日には武蔵竜穏寺、下総総寧寺、遠江大洞院にも曹洞宗法度が下されていた。

謎の人物・天海

天海は自分の履歴を書き残しておらず謎の人物とされている。それだけに後世になって憶測によるさまざまな天海像が生み出されていった。

例えば天海の年齢であるが、当時の記録である当代記や駿府記では一切触れておらず、後代に成立した史料によるばかりである。江戸時代にあって天海の没年齢は「華頂要略門跡傳」「東叡山門主略譜」にある一三四歳説のほか、一三五歳説、一三三歳説、一三二歳説などさまざまであった。また「会津高田浮身観音縁起」のように九〇歳説もある。

今では故辻善之助氏が昭和二十八年に著した「日本仏教史近世篇之二」の一〇八歳説が定説となっている。

その根拠の一つは後述する小槻孝亮が記した「小槻孝亮宿弥日次記」寛永九年（一六三二）四月十七日条である。寛永九年に九七歳であったとすると、天海が死去した寛永二十年（一六四三）には一〇八歳となる。

（寛永九年四月）十七日、（前略）導師南光坊大僧正、今年九十七歳云々、

さらに辻氏は「東叡開山慈眼大師伝記」元和元年鳩杖下賜の記事をもって一〇八歳説の根拠に加えた。伝記には七〇歳で王杖を授けられるとあるが、これは一般的なことであって、宮中から

鳩杖が下賜されるのは八〇歳になってからである。
これも天海が元和元年（一六一五）に八〇歳になっていたとすると、天海が死去した寛永二十年には一〇八歳となり孝亮の日次記と符合する。

元和元年、傳台家血脈於仙洞、仍賜以御衣一領拝一箇御製作鳩杖一枝、古曰、民年七十者授之以王杖、（以下略）

辻氏は「以上記す所によって看れば、天海の生年及び世壽には異説紛々としてゐるけれども、今に在てはまづ天文五年（一五三六）を以て生れ、寛永二十年（一六四三）一〇八歳を以て寂すといふを以て正しいとすべきである」とした。
しかし辻氏が今の段階ではと指摘しているように、孝亮は天海の年齢を聞いた話として記しており、また伝記は後年に編さんされたものであるからこれをもって天海の誕生年を確定することはできない。「国史大事典」等で生年に疑問符をつけているのもこのためである。しかし辻氏の説に勝る証拠はまだ現れてこない。

天海の前半生

次に天海の出自であるが、明智光秀の転生説まで生まれるほどであるから、これまたはっきりしない。現在では伊達政宗と戦って敗れた会津芦名氏の一族として陸奥国会津郡高田（福島県会津美里町）に生まれたとする説が有力である。

天海の素性が明らかになるのは茨城県逢善寺所蔵の「檀那門跡相承資并恵心流相承次第」が初見史料である。

この史料には、天正十八年に豊臣秀吉が小田原の北条氏を攻めた際、関東の諸寺が戦火と混乱で没落し、逢善寺にも同様の危機が迫ったが、江戸崎に会津の芦名盛重（佐竹義宣の弟、元会津黒川城主で元の名は義広）が移封され、盛重に同道してきた稲荷堂随風の取り扱いで逢善寺は寺門を相続できた。よって逢善寺を随風に付属させたが、彼は江戸崎の不動院に入寺した、とある。

この史料から当時天海は随風と名乗っており、天正十八年（一五九〇）に芦名盛重と江戸崎に入り、そして会津黒川の稲荷堂から身分を江戸崎不動院に移したことがわかる。

天海が当時随風と称していたことは、天正二十年から慶長二年（一五九七）にかけて「常州江戸崎不動院当住随風」と署名する文書が存在することからも明らかである。

慶長六年（一六〇一）、佐竹義宣が水戸から秋田に移封されると、随風の庇護者であった芦名盛重も江戸崎を去った。随風はこの頃から名を天海と改めたようである。

慶長八年（一六〇三）十一月、天海は本拠を下野国芳賀郡久下田（栃木県真岡市）の新宗光寺に移した。新宗光寺はもと長沼（真岡市）にあった宗光寺が、天正十九年に常陸国下妻（茨城県下妻市）の多賀谷重経に破壊・没収されてしまったため、法脈を久下田に移し新宗光寺として出直したのである。宗光寺住持の亮弁和尚は元より天海の入山を要請していたが、慶長八年になってそれが実現した。翌慶長九年、天海はさっそく長沼の地に宗光寺を再興して二十世住職となった。久下田の新宗光寺はこのとき寺名を全水寺と改めた。

家康・天海の出会い

慶長十二年（一六〇七）頃になると比叡山では大衆相論とよばれる内部紛争が発生し、大御所家康が裁定しなければならない事態となった。

天海と家康の関係を示す史料が大阪府貝塚願泉寺に伝えられている。それは宗光寺の天海が家康の命を受けて上洛し、京都の青蓮院門跡の坊官鳥居小路氏に天海自身の僧正勅許の執奏について斡旋を願い出た書状である。

今度叡岳為学道勧誘、可致登山之旨、依上意（家康）上洛仕候、然者、極官之儀被任先例、蒙勅許候様、御執奏可奉忝存候、右之趣関東従旦那衆（家康）、板倉伊州（京都所司代板倉伊賀守勝重）へも被申上に付而、則勧修寺殿（武家伝奏勧修寺光豊）江被申入之旨候、此等之趣可然候様、御披露所仰候、恐惶謹言

以上

十二月十九日　宗光寺　天海（花押）

鳥居少路殿

（「願泉寺文書」）

この書状には年号が付されていないため、いつの書状か不明であるが、次の宗光寺文書との関連をみると慶長十三年（一六〇八）のものと推定できる。これをもって家康と天海の初めての出会いであったとする説があるが、天海が家康と直接会って命を受けたかどうかはわからない。ただしこの書状から天海の名は家康にも届いていたことが確認できる。

またこの書状は家康の意向を受けた京都所司代の板倉勝重が武家伝奏の勧修院光豊と折衝していることも伝えている。

その後、天海は比叡山の実力者正覚院豪海らに招かれて比叡山に登り、比叡山東塔の南光坊に住むようになった。そして翌慶長十四年（一六〇九）十二月九日、朝廷から叙位・任官を伝達する文書「口宣案」を賜り権僧正に任じられた。このときの口宣案が現在の長沼宗光寺に残されている。

口　宣案

上卿　中御門中納言（資胤）

慶長十四年十二月九日　宣旨

法印天海

宜任権僧正

蔵人左少弁藤原（清閑寺）共房奉

（「宗光寺文書」）

また宗光寺には同日付の青蓮院《しょうれんいん》門跡尊純書状が残る。

態然筆候、仍今般極官之儀、云先例云傍例、厳重之間、遂執奏候処、早速被成勅許候、併冥加之至不可如之候、弥可抽宝算長久之御祈、仏法栄耀之精誠事、専要候也、

十二月九日　（青蓮院尊純）（花押）

宗光寺天海僧正御房

（「宗光寺文書」）

この書状は青蓮院門跡の尊純が天海の昇進を祝った書状である。以上二つの文書から当時長沼宗光寺の住持であった天海が慶長十四年十二月に権僧正に任じられたことがわかる。

慶長十五年九月十八日、天海は正覚院豪海・海岸坊良範・妙音院快舜らとともに比叡山の探題職を拝命し、新たに智楽院の院号を与えられた。天海はこの頃より南光坊と称するようになる。

慶長十六年三月二十日、天海は権僧正から僧正に昇進し、山科（京都府）に五箇室門跡の一つである毘沙門堂を賜った。その後天海は前述した武蔵国川越に赴き、十一月一日に家康と出会い、仙波北院の寺領寄進の約束をえたのである。

慶長十七年（一六一二）四月十九日、南光坊天海は駿府城に登城して家康に謁見し、これから仙波に赴くと伝えた。このとき家康は天海に銀三〇枚、被物等を与え、また前年の十一月一日に

約束した仙波への寺領として永代三〇〇石を寄進した。

天海が帰ったあと、家康は「この僧は関東天台の指導者になる者である」と言ったという。このとき天海はまだ比叡山の僧であり仙波北院の僧ではなかった。

十九日、山門南光坊僧正天海、参府、すなわち御前に出で、武州仙波に赴くの由これを申す。これにより、銀参十枚、被物等これを賜う。すなわち仙波に於て寺領として三百石、永代御寄付あり。此の僧正天台の学匠たるを以て関東天台の所化就くべきの由上意と云々。

喜多院、関東天台の本山となる

慶長十八年（一六一三）二月二十八日、比叡山の正覚院豪海僧正、仙波の南光坊天海僧正、常陸の千妙寺僧正が駿府に招かれ饗応を受けた。ここで初めて山門南光坊が千波（仙波）南光坊に改まっていることが確認できる。前年の四月十九日に駿府で家康に謁見した後、天海は比叡山から本拠を川越仙波に移したのであった。その後天海は入寺した仙波北院の寺号を喜多院に改めたようである。

天海が饗応を受けた二月二十八日、幕府は同日付で喜多院に関東天台諸法度を下している。この日の宴は諸法度の公布を祝うためのものであったのだろう。

廿八日、叡山正覚院僧正、千波南光坊僧正、上野国（常陸国の誤）クロ子ノ千妙寺僧正饗を賜う。（以下略）（「駿府記」）

関東天台宗諸法度

左が二月二十八日付で喜多院に下された「関東天台宗諸法度」である。

関東天台宗諸法度

一、不伺本寺、恣不可住持事

（二・三条略）

一、不請関東本寺之儀、従山門直不可取證文事、

一、於関東追放之仁、不可介抱、若又於山門押而有許容者、於関東不可請山門之下知事、

（六・七条略）

右堅可守此旨者也、

慶長十八年二月廿八日　御判

喜多院

（「国師日記」）

関東天台宗諸法度は、これまで比叡山延暦寺の支配下にあった関東の天台宗諸寺に対して喜多院を本寺とするよう命じたものである。この諸法度の公布により関東天台宗は比叡山から独立した教団となり、喜多院がその本山として明確に位置づけられた。喜多院の山号はこれまで星野山であったが、諸法度の公付を契機として東の比叡山を意味する東叡山に改められたようである。

中世以来関東では仙波の中院《ちゅういん》が関東天台の本山と称されていたようだが、この時点で喜多院と中院の立場は完全に逆転した。

なお喜多院の山号東叡山は寛永二年（一六二五）に上野の寛永寺が完成すると、寛永寺が東叡山と称するようになり、喜多院は元の星野山に復したという。

この諸法度が天海に渡されたのは翌月の三月十日であった。喜多院には家康の直判、千妙寺等に対しては御朱印の法度五通、合わせて六通が三月十日に整えられて直接天海に手渡された。

右御直判一通。御朱印五通。合六通。慶長十八丑三月十日に相調。各へ渡之。南光坊へ渡也。

（「国師日記」）

天海、日光山貫主就任

天海に法度が下された年、幕府は日光山において衆徒と争っていた権別当座禅院昌尊を退け、天海を日光山の貫主に据えた。

天海の日光山貫主就任の初見史料は後年の慶安三年（一六五〇）に東源が著した二次史料「東叡開山慈眼大師伝記」（以下「伝記」という）」である。文中に閭里という見慣れない文字が見えるが、万治二年（一六五九）に東叡山謙泰が著した「武州東叡開山慈眼大師伝」では閭里に足尾村也と注釈を加えている。

慶長十八年、家康公賜日光山於天海僧正、其義趣預定寄終之地、此故以隣疆之閭里、寄附于日光山、（「伝記」）

この年の十月、天海は初めて日光山を訪れ、座禅院を宿坊として旧跡ばかりの本坊光明院への入院の儀式を行ったという。（「日光山本房并惣徒旧跡之記」）

七月六日、天海が比叡山から駿府に来てしばらく滞在した後、八月十一日に暇乞いのため登城した折に家康から論議を所望された。

同月十五日、家康は午前一〇時頃、駿府報土寺に宿をとっていた増上寺の源誉を訪ねたのち、天海のもとを訪れ黄昏になるまで仏法の雑談にふけった。

それより南光坊宅渡御、暫く仏法御雑談。黄昏に及び還御と云々。

その後家康は鷹狩りと称して九月十七日に駿府を発ち、同月二十七日に江戸城西の丸に入った。十月三日、九日、十九日と天海は江戸城西の丸において家康・秀忠・諸大名を前にして論議を行った。家康が七月の段階で天海に論議を求めたのはこのためであった。天海の論議を秀忠やその他の者たちにも聞かせたかったのであろう。

さらに家康は鷹狩りと称して江戸を出発して戸田・川越と進み、二十九日には仙波でまた天海の論議を聴聞した。家康が天海の論議を聞くのは枚挙にいとまがない。

その後家康は忍・岩槻・越谷へと進み、葛西を経て江戸城に戻ったのは十一月二十九日であった。

十二月一日、家康は秀忠と対面後、一二時頃に西の丸において天海と仏法の雑談にふけった。家康は大変御機嫌だったようで仙波喜多院に寺領五〇〇石を寄進した。

朔日、(前略)午の刻、南光坊、仙波中院、御前に於て仏法御雑談、刻を移す。御気色快然、すなわち僧正、仙波近所に於て、寺領五百石寄付せらる。仙波中院、黄金十枚これを遣わさる。(「駿府記」)

慶長十九年(一六一四)五月二十日、比叡山の正覚院豪海僧正ら一行と南光坊天海が駿府に到着し、翌二十一日に登城して家康に謁見した。しばらく雑談し比叡山一行が退出したあと、家康は天海から天台の血脈伝授を受けた。

廿一日、叡山衆御目見、暫く仏法御雑談あり。僧徒退出以後、奥の間に於て血脉御相伝、南光坊僧正天海よりこれを受けし給う。

それから三日後の五月二十四日、天海が駿府城に赴き家康と雑談したとき、天海は日光山の留守をつとめる僧から「日頃、日光山麓において銅が産出する」との報告があったことを家康に伝えた。

これまで慶長十八年に天海が日光山貫主に就任したことは後年に成立した二次史料によるばかりであったが、この記事にある「留守僧これを申し越す由」の文言は当時期に天海が日光山の貫主を兼帯していたことを裏付けるものである。また当時足尾では銅が産出し銀も出ていたことが確認できる。

廿四日、南光坊僧正出仕、御雑談。次いで申され云う。下野国日光山麓、日ごろ、銅、山より出づ。頃日、銀これを出す由、留守僧これを申越す由、併せて仏法御挙用故かくの如きかと云々。指して御挙用無しと云々。

その後、家康は七月二十六日から二十七日にかけて天海から天台の血脈伝授を受けた。

廿六日、天台血脈相承、南光坊より御伝授。
廿七日、今日南光坊天台法問の儀、御数奇屋に於て御伝授を受けしめ給う。

（以上「駿府記」）

天海の失言

大坂夏の陣後の慶長二十年（一六一五）六月三十日、天海は崇伝らとともに二条城に登城して家康に謁見した。席上、天海は「天台宗のほかは紫衣を着させてはならず、また僧正に任ずべきではない」と発言した。この発言に対し末席にいた真言僧の多門院が進み出て、「家康の御前でこのような軽々しいことは言うべきではない」と反発された。また多門院は「すでに弘法大師は紫衣を着し、高野山、東寺、醍醐寺の僧のなかで僧正に任じられたものは古今連綿と続いている」とつけ加えた。天海はこれに答えることができなかったというのである。天海は前述した増上寺源誉と同じように増長してしまったのか、家康の前で家康の嫌う他宗批判という失態を冒したのである。

晦日、大御所前殿に出御。金地院、南光坊僧正、智積院、勧学院以下伺候。今日道春

（林羅山）新板大蔵一覧十部、駿府より持来のため、御覧のところ、文字鮮明、諸人これを賛美す。これ今度駿府に於て、銅字数十万を以て、板行百廿五部、仰せ付けらるるところなり。仰せて曰く、一部毎に朱印を押し、諸寺に寄進すべしと云々。南光坊僧正申され云う。天台宗の外紫衣を着すべからず。其の上僧正に任ぜず。多聞院末座より進み出で申し云う。御前に於てかくの如き聊爾不可なりと申し上げられる。弘法既に紫衣を着し、又、高野、東寺、醍醐の中僧正に任ずるの族古今聯綿これありと云々。僧正答え無しと云々。（「駿府記」）

それでも家康は天海を罰することはなかった。一時的なこの失態よりも天海への信頼の方が上回っていたのであろう。これ以降家康は天海を遠ざけることなく九月二十三日までに七回も対面している。

しかし天海のこの失言は尾をひいたようである。翌元和二年一月に家康が病気を発症してから三月初めまで、家康の護侍僧と称され、いちはやく駆けつけるべきの天海が家康の前に現れなかったのである。家康と天海の間に何らかのわだかまりがあったとしか思えない。

天海のこの失言と似ている話が安政六年（一八五九）二月に塩谷世弘が寺社奉行の水野越前守に建言した「御文教之儀に付奉申上候」にある。この書付を論文に載せている歴史家もいるので紹介しておく。

意訳すると、大坂夏の陣のあと、家康の前で天海が申すには「数百年の大乱を平らげた、この際、さらに御所と公家衆を伊勢に移して神主にしてしまえば、自然と将軍家は天下を握ることになるだろう」と申し上げれば、藤堂高虎は、「これはもってのほかである。朝廷を補佐してこそ諸大名も屈服し、万民も仰ぎ見るのであって、もし天海の申すようにすれば、朝廷をないがしろにしたとして、諸大名が蜂起し、再び天下が乱れるもととなるであろう」と、申し上げれば、家康は「そのとおりだ」と言って、天海を厳しく叱った、というのである。

一大坂陣之後、権現様御前に於て天海申上候は、当時数百年の大乱を被游御平、御武運無彊に可被為在事は勿論に御座候、此上禁裡并公卿方を伊勢へ被令移、大神宮の神主に被為候へは、自然将軍家は天下同様の御勢に可被為成候と申上候得は藤堂佐渡守高虎朝臣申上候は以之外之儀に御座候、〇〇〇天朝を御羽翼被為遊候而こそ諸大名も屈服し、万民も仰望仕候儀に御座候、若天海申上候様相成候へば禁廷を御靡し被遊候を名号と仕、諸大名忽ち蜂起し、再天下大乱之基可相成候と被申上候へは、至極せりと上意にて、天海を厳敷御叱被遊候由。

この書付は幕末になって書かれた三次史料で俄には信じ難い話であるが、書付にある「大坂陣之後」と天海が失言を冒した前述の六月三十日条の時期は微妙に一致する。

時代が下るにつれて真実が歪められていくのが世の常であり、もしかすると天海の紫衣発言が朝廷の遷都にまで発展していったのかもしれない。

いずれにしても天海は後年の伝記類によって賛美に包まれているが、人間天海にはこんな一面もあったことを紹介しておく。

論議と法問

家康の開く論議と法問は晩年になって頻繁に開催されるようになった。ここでいう論議とは講師のもとに互いに論じ合うことであり、精義という説き明かす人物を置く場合もある。法問とは仏法について問うことをいい家康が質問することもあった。

史料で確認できる論議の始まりは先に述べたように慶長十三年八月の増上寺源誉らによる浄土宗の法問であったが、その後間隔が空き、次の論議は慶長十六年四月に二条城で行われた高野山大徳院らによる真言宗の論議であった。翌慶長十七年には五月から六月にかけて真言宗派による論議が三回行われた。これまでは天台宗の論議は行われていない。

論議が活発化されるのは慶長十八年からである。この年には計一二回開かれたが、慶長十九年になると最高潮に達し、家康が大坂に出陣するまでの間に五〇回も開催された。

慶長二十年の論議は大坂夏の陣後に京都二条城で一〇回開催され、家康が駿府城に帰還してからは曹洞宗の法問が一回行われただけである。

舜旧記や駿府記で確認できる元和元年までの宗派別の論議・法問回数を合計すると次のように

なる。実に七八回ほど開催されたのであった。

天台宗　　　　三三回
古義真言宗　　一七回
新儀真言宗　　一五回
浄土宗　　　　三回
華厳宗　　　　四回
法相宗　　　　四回
曹洞宗　　　　二回

ここにある新儀真言宗の新儀とはこの時代使われていた言葉で、真言宗から分派した奈良の長谷寺を本山とする豊山派、京都の智積院を本山とする智山派を指す。これに対しもとの真言宗を古義と呼ばれる場合もあった。しかし現在は古義、新儀の語は使われていない。

家康が行った仏法論議の特徴は多くの宗派に機会を与え、各宗派の唱える仏法を学ぶことにあった。天台宗の論議は最も多いが、古義真言宗と新儀真言宗を合わせた真言宗の回数も天台宗に匹敵する。

ところで論議・法問のなかに崇伝が属する同じ禅宗の臨済宗がみられない。崇伝は家康に近侍し、日常生活をともに過ごす機会の多い二人の間で仏法の雑談を交わす場面が多くみられるので臨済宗の論議は求めなかったのかもしれない。

京都五山との関わり

しかし家康は臨済宗五山の僧と直接会って仏法を論じたことがあった。ここでいう五山とは京都五山のことで天竜寺、相国寺、建仁寺、東福寺、万寿寺を指し、鎌倉五山の建長寺や円覚寺とは異なる。

家康が駿府に在城し、大坂冬の陣が勃発しようとしていた慶長十九年三月六日、家康は京都五山の天竜寺らを駿府に招いて即席の文書を書かせた。九日にも家康は謁見し、十四日の真言論議には聴衆として参加させた。

五山の衆はその後、江戸に赴いたようで、江戸にいた五山衆から五月十五日に家康のもとに文が届いた。家康はこれを崇伝と林羅山に読ませ褒美を与えたとある。

五山衆はその後二十六日に駿府に戻り翌二十七日に家康に謁見した。五山衆はその後駿府に滞在し、京に向かって駿府を出発したのは六月八日であった。

(三月)六日、南禅寺五山天竜寺慈済院彭長老、相国寺慈照院保長老、鹿圓(苑ヵ)院晫長老、建仁寺常光院紹益、両足院、東福寺不二菴、竜眠庵、南昌院、召により参着、御前に於て、即席文章書かしめ給うべきの旨仰せらるるところなり。

（五月）十六日、江戸より五山衆文頌到来。文題君子の徳は風なり、小人の徳は草なり、草風を加うればすなわち偃《ふ》す。頌題これ法住法位、世間相常住法華方便品。御前に於て、金地院、道春読進、褒美せしめ給うと云々。
（六月）八日、五山衆上洛。愛宕威徳院、御目見と云々。
（以上「駿府記」）

五山の衆が京に帰ってから間もなく僧たちは家康から方広寺の鐘銘問題つまり「国家安康」の文字の判断について諮問された。その答申として相国寺の瑞保は次のように答えている。鐘銘のなかに大御所家康の諱を書くというのは問題であると思う。ただし武家の決まりはどうなっているかは知らないが、五山禅宗の世界では特定の人物のことを書くときには諱を避けて記さないのが法式である。

銘の中に大御所様諱これを書かるゝ儀、いかがわしく存じ候。但し武家御法度の儀は存ぜず候。五山に於いては、その人の儀を書き申し候に諱相除け、書申さず候法度御座候事、
（「大日本史料」慶長十九年八月十八日条）

答申はこのほか、東福寺聖澄、天竜寺令彰ら京都五山僧七人が提出しているが、いずれも家康の諱を鐘銘に用いたことに疑念を示す内容となっている。

こうして方広寺の鐘銘事件に端を発した大坂の陣は起こり、この陣により豊臣家は滅び、名実ともに戦国時代は幕を閉じたのである。

寺院法度の一括公布

大坂夏の陣後の七月二十四日、家康は京都五山に碩学料を与え、同日、諸宗本山に法度を交付した。

(七月) 廿四日、五山碩学料各拝領致し、保長老、薩長老以下御目見。今度五山、大徳、妙心、永平、捴持、真言故義、新儀、浄土宗等、皆御法度仰せ出さる。伝長老(崇伝) これを奉ず。(「駿府記」)

家康はこれまで天台宗、曹洞宗の一部寺院に法度を交付したことはあったが、今回は全国の大寺院にたいして一括交付したのである。この時期の寺院法度起草の中心人物は金地院崇伝であり、家康側の一方的な押しつけではなく、寺院側とりわけ本山・本寺の意見も取り入れられた。法度作成にあたっては各宗本山から案文を出させ、この案文をもとに幕府は法度を作成したのである。

またこの時期の法度の特徴はまず本末関係における本寺の権限の強化であり、第二は各宗僧侶の教学と修行両面における再教育、第三は中世以来寺院が持っていた特権を剥奪し寺院を政治的、経済的にも規制することであった。

特筆すべきは浄土真宗、日蓮宗、時宗に法度が出されていないことである。前二宗は統一政権に抵抗する姿勢を見せており、時宗は他宗と異なり常に全国を廻って布教活動をすることが主であることから統制外におかれたといわれている。

東照公御遺訓

これまで家康公の一生を編年体で述べてきたが、最後に後年の作で作者不詳ではあるが、家康公の人生観をよく表しているといわれる「東照公御遺訓」を掲げて第一章を終わる。

人の一生は重荷を負ひて、遠き道をゆくが如し。
いそぐべからず。不自由を常とおもへば不足なし。
こころに望おこらば困窮したる時を思ひ出すべし。
堪忍は無事長久の基。いかりは敵とおもへ。
勝事ばかり知りてまくる事をしらざれば害其身にいたる。
おのれを責めて人をせむるな。
及ばざるは過たるよりまされり。

第二章　家康の死と久能山

病気発症

元和二年（一六一六）、豊臣家を滅ぼし、二つの諸法度を整備して徳川政権の基礎を確立した家康は駿府城でおだやかな正月を迎えた。一月六日には挨拶に来た曹洞宗僧に法問を所望しこれを行った。

一月二十一日、家康は頼宣・頼房を伴い元気に恒例の鷹狩りに出かけた。行く先は田中（静岡県藤枝市）である。

一、大御所様、今日廿一日為御鷹野、田中へ被成出御候。中将様、少将様も御同道被遊候。大御所様御息災に御座候而、目出度儀中〳〵無申計候。（「国師日記」）

ところがその夜、突然家康が腹痛に襲われたとの知らせが六里ほど離れた駿府の崇伝のもとに届けられた。この報を受けた崇伝は藤堂高虎と田中に馳せ参じ面会した。

家康はすでに元気を取り戻していたが、崇伝と高虎は早速江戸表に知らせるため田中から江戸の年寄（のちの老中）宛に安心するよう二回にわたって書状を出した。

一回目は緊急であるため内容は病気発症と本復し安心願いたいとだけ伝えたが、二回目は病気発症の経過と面会したときの家康の元気な様子、そして安心するよう将軍秀忠への連絡、最後に年寄衆に重ねて書状を出すことになったいきさつなど、次のように事細かく知らせた。

一、急度令啓達候。大御所様田中へ御鷹野に被為成。廿一日之夜半時分、御蟲指出候由、駿府ニ而承付、則廿二日早々御見廻に参上仕候。早速被成御本復。両人共に御前へ被召出、御気色之體見申候。一段と御気相能御座候而、痰指出候様なと具に被為仰聞。安堵仕儀に候。御心安可被思召候。此由可然様に公方様へ御披露所仰候。先刻従年寄衆次飛脚被進候時、両判に而以書状申上候へ共、重而令啓上候。恐惶謹言。

正月廿二日

藤堂和泉守（高虎）

金　地　院（崇伝）

酒井雅楽頭（忠世）様

土井大炊助（利勝）様

安藤対馬守（重信）様

酒井備後守（忠利）様

（「国師日記」）

翌一月二十三日、崇伝は京都所司代の板倉勝重に書状を出した。そこにはさらに詳しい内容が記されている。

病気が発症したのは丑之刻時分（午前二時頃）、突如腹痛が起こり痰がつまってしまったとの知らせが来たので、高虎と同道して一二時頃田中に着き、すぐに家康の前によばれた。

家康は痰がつまり、万病円三〇粒ばかりとぎんえきたん（銀液丹か）一〇粒ばかりを呑んで元気になったと仰せられた。我ら両名は田中にて家康に付き添い申し上げる、という内容である。

死因は鯛の天ぷらにあたったという話があるが、これは一七〇〇年代に書かれた書物によるもので根拠がない。現在ではその後の症状からみて胃ガンであった可能性が高いとみられている。

家康が田中より駿府城に帰ったのは一月二十五日の八つ時分（午後二時頃）であった。これにはもちろん崇伝も家康に付き添っており、その日のうちに年寄衆に「今日廿五日、従田中、当駿府へ八つ時分に被成還御候。一段と御機嫌能被成御座候」と元気に帰還したことを書き送っている。

その後崇伝は日々家康の側近くに詰めていたが、二十九日に至っても家康はまだ御膳に手をつける状態ではなかった。江戸より呼び寄せた医者の話によれば少し結脈が見られるが油断無く養生すればきっと回復するであろうとのことであった。

二月二日、江戸の将軍秀忠が午後四時頃駿府に到着した。予定は三日か四日であったが、一日の午前八時頃江戸を出発し、一七五キロメートルほどの道のりを夜通しかけて駿府に駆けつけたのである。その晩、家康は秀忠と面会し、十一時頃になって少々食事を取ることができた。そのせいか家康の体調は少し良くなり、三日の晩からは脈も平脈となった。

秀忠は常に西の丸にいて本丸の家康を見舞った。四日には家康に崇伝と高虎が招かれ、晩には家康の御前で納豆汁の食事をともにした。

その後、家康は小康状態を保った。二月二十日、京都から武家伝奏の広橋・三条西両大納言が駿府に到着した。この頃になると家康は頗る元気を取り戻したようである。

吉日を選んで設定された二十三日の武家伝奏との対面時には「一段と御機嫌能、伝奏衆仕合無残所候、可御心安候」とあるように、一段と御機嫌良く、伝奏衆は安心した様子であった。

この頃になっても家康の前に天海の姿は現れてこない。本光国師日記に見える天海に関する記事は、次のとおり手紙のやりとりだけである。

二月十日、浅草観音院二月二日之条来、南光坊より被届。
二月十八日、喜多院二月四日之条来、上様御煩御本復目出度との書中也。
二月廿日、喜多院へ返書遣ス。
二月廿一日、喜多院飛脚来、二月十六日之状来、則返書遣ス。（以上「国師日記」）

二十九日付の板倉勝重宛書状で崇伝はこう述べている。「私は日夜お城に詰めており、夜はいつも午後一〇時頃に退出する。少しも油断ができない。公方様（秀忠）も毎日御本丸に参り、お供でついてきた尾張宰相様（義直）、常陸様（頼宣）、少将様（頼房）とともに奥に入り対面している。伊達政宗・福島正則・黒田長政らもいまだに当地に逗留して出仕している」。

崇伝らは家康が病気を発症して以来毎日駿府城に詰めており、天海が見えたならばどこかの記事に載るはずである。家康が拒否したのか、それとも天海が遠慮したのか定かでないが、夏の陣後の天海失言によりわだかまりが生じていたのかもしれない。

天海が家康病気発症以来家康の前に初めて顔を見せたのは三月四日のことであった。

このときの様子を崇伝は三月五日付の板倉勝重宛の書状で、天海は三月四日になって初めて登城し、病床の家康を見舞い、同時に遅参の詫び言を述べた。家康はいよいよ機嫌が悪くなってしまった。何とも苦々しことである、と書き送っている。

南光坊御侘言被申上候へハ、弥御機嫌悪敷儀ニ而、苦々敷御座候。（「国師日記」）

その後も家康の病状は一進一退を続けた。

太政大臣・従一位叙任

三月十七日、家康に太政大臣と従一位叙任の口宣案・宣旨が下された。家康は右大臣から太政大臣に昇進したのである。武将で生前に太政大臣に任じられたのは平清盛・足利義満・豊臣秀吉だけである。

口宣案

上卿　日野大納言（資勝）

元和二年三月十七日　宣旨

従一位源朝臣（家康）

宣任太政大臣

蔵人頭右大辨藤原兼兼奉

（「日光東照宮文書」）

三月十八日、家康を見舞うため京都を出発した一行があった。家康の死後、天海と神号論争を行う梵舜以下一〇人である。

梵舜は二十四日に駿府に到着し、翌二十五日には着任の挨拶回りを行った。最初に崇伝のもとを訪ね、その後登城して神道の御祓いをした。家康は一段と感激した様子であった、と崇伝から伝えられた。

三月二十七日、駿府に逗留していた武家伝奏の広橋兼勝と三条西実条が三月十七日に下された口宣案と宣旨を持参し、駿府城に登城した。両伝奏は奥の常の御座において、衣冠束帯の装束を身に付けた家康と対面し、拝任の儀が執り行われた。

三月二十九日、駿府に逗留していた公家衆や諸大名に暇が与えられ、この日武家伝奏は本丸の小広間において接待役の崇伝により慰労の振る舞いを受けた。両伝奏は翌三十日になって帰京の途についた。

崇伝への遺言

崇伝が板倉勝重に宛てた三月三十日付の書状にこれまであまり紹介されたことのない注目すべき記事がある。

家康と秀忠が崇伝に江戸の故大久保石見守の屋敷を下さり、しかも建物まで建ててくれるというのである。大久保石見守とは大久保長安のことで、幕府の財政面に大きな業績をあげながら不正のかどで改易され慶長十八年（一六一三）に病死した人物である。

崇伝は「これまでにくたびれてしまい、江戸で秀忠に御奉公するのは難しいことだが、両御所が決めたことでもあり、有り難くお受けすることにした」と家康と秀忠にこれ以上ない感謝と喜びの気持ちを表している。

家康は慶長十三年（一六〇八）以来重責を担ってきた崇伝に対し、家屋敷を提供することで、その恩義に報いたかったのであろう。家康はこの遺言が確実に実行できるよう秀忠と協議のうえ崇伝に伝えたのであった。

一、拙老儀（崇伝）、大御所様（家康）彌忝き上意共、誠冥加おそろしき儀にて御座候。公方様（秀忠）へも御内證共被仰出、様子無残所有難儀共ニ而御座候。江戸ニ大久保石見屋敷被下候。則作事も被仰付、可被下候由、御諚ニ候。此中散々草臥《くたびれ》申候。以来江戸御奉公ハ難計候へ共、両御所様御諚共忝と存事ニ候。

（「国師日記」）

家康の遺言といえば後述する四月二日の遺言があまりにも有名であるが、死を前にした家康は崇伝にも家屋敷を与えるという遺言を残したのである。この遺言は秀忠も認識していることであり、四月二日の遺言と同レベルでとらえるべきであろう。

家康の死後、この遺言にある屋敷の拝領は延び延びになっていたが、元和四年（一六一八）九月十一日になってやっと実現した。

崇伝に与えられた敷地はのちの田安御門内の代官町、現在の北の丸公園の一角と推定されている。徳川親藩で御三家となる徳川頼宣屋敷に隣接する地を与えられ、江戸の金地院を創建したことは当時の崇伝が単なる禅僧ではなく、幕府内の重要な地位にあったことを表している。

（元和四年）九月十一日、江戸金地院屋敷拝領。駿河中納言（徳川頼宣）殿北隣也。九月二日ニ大形被相渡候へ共、中納言殿御材木在之故、間敷不相定、今日久貝忠三郎殿・日下部五郎八殿両奉行ニ而被相渡請取、松首座、平四郎、太兵へ出合、中納言殿御大内原田市十郎殿、小笠原庄太夫殿、小倉宗兵衛殿、中納言殿ノ御大工與吉出合、松首座間敷慥ニ請取也。惣屋敷帳ニ書のせ、松首座判仕上候。案左ニ在。

東六拾間半（約一一〇メートル）
南五十四間（約九八メートル）
北五十五間（約一〇〇メートル）
西ノよこ卅一間

金地院屋敷
松首座在判

（「国師日記」）

江戸金地院の建設工事は翌元和五年（一六一九）一月十日に着工し、崇伝が上洛中の七月に完成した。崇伝が江戸に帰ったのはそれから五か月ほどのちの十二月二日であり、同月十七日には幕府の年寄衆全員が集まり盛大な振る舞いが催された。ちなみにこのときの年寄衆は、土井利勝・本多正純・酒井忠世・安藤重信・青山忠俊・酒井忠利の六人であった。

（元和五年）正月十日、寺院寺作事之事始也。
七月廿九日、渡邊孫三、深津弥左七月廿二日之連状来。寺作事出来、十九日ニ相渡候由也。

一、（十二月）十七日ニ御年寄衆何も不残当院へ可有御出由ニ候。殊ニ新院ニ而之振舞。
（以上「国師日記」）

この江戸城内にあった金地院は崇伝が亡くなった五年後の寛永十五年（一六三八）に家光によって現在の芝公園に移された。

家康の遺言

三月二十七日には元気で拝任の儀に臨んだ家康であったが、その日から食事を一切取らなくなり秀忠はじめ皆々気を使っていた。家康は四月二日になって本多正純と天海並びに崇伝を召し遺言を伝え後事を託した。

一、一両日以前、本上州（本多正純）、南光坊、拙老（崇伝）御前へ被為召、被仰置候ハ、御終候は丶、御躰をハ久能へ納、御葬禮をハ増上寺ニて申付、御位牌をハ三州（三河）之大樹寺ニ立、一周忌も過候て以後、日光山ニ小キ堂をたて、勧請し候へ、八州之鎮守に可被為成との御意候。皆々涙をなかし申候。（中略）恐惶謹言。
卯月四日
金地院
板倉伊賀守殿人々御中
（「国師日記」）

崇伝の四月四日付の勝重宛書状は本書の重要な鍵をにぎる史料であるのでその内容を詳しく検証する。

まず遺言を伝えた日であるが、一両日以前と記されているだけで二日前かそれとも三日前か判断できない。現在では四月二日とするのが定説となっている。

次に召し出された三人であるが、本多正純と崇伝は常時家康の近くにいたから疑問をはさむ余地はない。天海がいつ誰によび出されたのか本光国師日記からは読み取れないが、家康の意思によって呼び出されたことは確かであろう。

遺言の具体的な内容は次の四項目であった。項目ごとに解説する。

遺言①埋葬　死んだら遺体をば久能山に納めよ。

家康終焉の地となった駿府での生活は人質時代に一二年、江戸城入城前に五年、そして大御所時代に一〇年、合わせて延べ二七年間にも及ぶ。久能山は中世期に天台宗寺院の久能寺があり、永禄十一年（一五六八）に武田信玄が今川氏を破って城を築いたところである。家康が駿府を支配してからこの城は家臣の榊原清政がこれを守ったと伝えられる。

しかも久能山は駿府城から二里余（道なりで約一一キロメートル）の距離にある。家康はこうした条件を踏まえて遺体を久能山に納めよと命じたのであろう。

遺言②葬礼　葬礼は増上寺で行え。

葬礼とは死者を葬る儀式（葬式）であって、追善供養である法事・法要ではない。家康が葬礼の場所を浄土宗増上寺と指示したのは、徳川家の菩提寺であったからにほかならない。

ときの住持源誉とは疎遠になっていたが、この頃は源誉に代わって廓山上人が代表して度々家康に呼び出されていた。増上寺との関係は従来どおり続けられていたのである。

これまで言及されることはなかったが、増上寺で葬礼を行えと命じた家康の意図は、葬礼は増上寺で行い、遺骸は仏葬をもって以前久能寺があった久能山に葬れという意味ではなかったろうか。

こう考えると家康の死後に葬礼が吉田神道による神葬によって行われたことに対して天海が異議を唱えたのも納得がいく。

遺言③位牌　三河の大樹寺に位牌を立てよ。

松平清康建立の大樹寺多宝塔

大樹寺（愛知県岡崎市）は家康の先祖松平家の菩提寺である。家康は先祖の菩提寺もしっかりと遺言に組み入れたのであった。

大樹寺は松平四代目親忠が建立した寺で、大樹とは唐名で「将軍」を意味する。慶長八年（一六〇三）に家康が征夷大将軍に任じられると、将軍家の菩提所として寺格を高め、慶長十一年（一六〇六）には後陽成天皇によって勅願所とされ、常紫衣許可の綸旨を受けている。

家康が遺言を伝えた当時の建物は安政二年（一八五五）の火災で本堂とそれにつながる建物をことごとく失い、唯一残ったのが山門の左手にある多宝塔である。

この宝塔については前述したが、家康の祖父清康が天文四年（一五三五）に建立したもので、一層が方形、二層が円形をなし、屋根は檜皮葺きで格調高いたたずまいをみせている。蟇股《かえるまた》やその他細部の様式も室町時代末期の手法をよく伝えており、国の重要文化財に指定されている。

なお、大樹寺の象徴である山門は寛永十八年（一六四一）に将軍家光が建立したもので、後奈良天皇の筆による勅額をいただき現在に至っている。

遺言④日光山での神　一周忌も過ぎたら日光山に小さな堂を建て勧請しなさい、八州の鎮守になろう。

最初の「一周忌も過候て以後」は文字どおりで「一周忌が終わったら」の意味である。しかし実際は一周忌を待たずして日光東照社の造営が始まることになる。次の「日光山ニ小キ堂をたて」も文字通りで小さなお堂のことである。

続く「勧請し候へ」の勧請とは神仏の分霊を迎え祀ることで、素直に読めば久能山に葬った家康の霊の分霊を日光山に勧請せよということになる。従って遺骸そのものを日光山に移せと言ったわけではない。

最後の八州の鎮守になろう、の八州は関八州のことで、相模・武蔵・安房・上総・下総・常陸・下野・上野の八か国を指し、また鎮守とはその地域の守り神をいう。意訳すれば関東八か国の守り神となろう、ということになる。これは江戸に本拠をおく徳川政権安定のために日光山から関八州を見守り続けるという意味であり、ひいては日本国の恒久平和を願う家康の意思の表れであったといわれている。

ここで注目されるのが家康は遺言の最後の日光山に至って初めて神という言葉を発したことである。これは家康自身が神になろうとしたのは久能山ではなく日光山であったと、とらえることができる。

以上家康遺言のうち遺骸と神についてみると、家康の遺骸は久能山にあり、神に祀るのは日光山であったことになる。

なぜ日光山か

ところで、家康は何故一度も訪れたことのない日光山に小さき堂を建てよと遺言したのであろうか。もちろん家康の真意は家康自身しか知りえないが、強いて私見を述べるとすれば、第一章で掲げた家康の事蹟から次の三つに絞られよう。

第一が、系図上徳川家の出自として掲げた源家との関係である。家康は日頃から武家の棟梁として鎌倉幕府を創設した源頼朝を崇敬しており頼朝の旗揚げ以降鎌倉幕府を著した吾妻鏡を愛読し、刊行するまでに及んでいる。吾妻鏡に記されている源頼朝が日光山の常行堂に下野国寒川郷のうち一五町歩を寄進したことも家康の目に止まっていたことであろう。ここに源頼朝と日光山との接点が浮かび上がってくる。

第二に考えられるのが霊地としての日光山と関東平野の北方にそびえる日光連山の存在である。日光連山のなかで最も高い男体山（標高二四八六メートル）は奈良時代の天応二年（七八二）に勝道上人が開いたとされる山で、以来日光山は霊山・霊地として崇められてきた。

家康は日光に来たことはないが、天正十八年（一五九〇）には宇都宮に、翌十九年には下野国を縦断し、慶長五年（一六〇〇）には小山に一〇日間も滞在している。また関東の鷹狩りと称して日光連山が見える埼玉県北部の忍（埼玉県行田市）辺にまで足を延ばしたこともあった。

田山花袋の「田舎教師」にはこんな一節がある。

「関東平野を環《わ》のように繞《めぐ》った山々の眺め――その眺めの美しいのも、忘れられぬ印象の一つであった。秋の末、木の葉が何処からともなく街道を転がって通る頃から、春の霞の薄く被衣《かつぎ》のようにかかる二、三月の頃までの山々の美しさは特別であった。雪に光る日光の連山、羊の毛のように白く靡《なび》く浅間ヶ岳の烟《けむり》、赤城は近く、榛名は遠く、足利附近の連山の複雑した襞《ひだ》には夕日が絵のように美しく光線を漲《みなぎ》らした。行田から熊谷に通う中学生の群《むれ》はこの間を笑ったり戯《たわむ》れたりして帰って来た」

家康は日光山から見渡す関東平野の眺望を想像し、関八州の鎮守となろう、と言ったとも考えられる。

第三は天海の存在である。家康は慶長十四年（一六一四）に荒廃した日光山に判物を下して不貞を戒め、慶長十八年には天海を兼帯ながら日光山の住持に据えた。家康が天海と出会ってからの期間はそう長くはなかったが、濃密な時間を過ごしている。家康が天海の恩義に報いるため日光山に社を造りその管理を天海に任せることにしたのであろう。

こうして家康は徳川家の菩提寺である増上寺で葬礼を行い、先祖松平家の菩提寺である大樹寺には位牌を立てるようにと菩提寺である両寺に配慮した。

また常にお側近くにいて信頼していた崇伝には江戸に屋敷を与え、天海には日光山の社を任せるなど家康の心情である公平な措置を施したのである。家康のバランス感覚は死を目前にしてまで失われることはなかった。

浅間社での病気平癒祈祷

家康は三月二十七日以来食事を取らなくなっていた。四月四日になってお粥を少々食べられるようになり、五日は終日秀忠が側に付き添った。この日秀忠は吉日を選び駿府の浅間社《せんげんしゃ》において大般若の祈祷を行うよう命じた。

六日になると家康の病状は快方へと向かい、秀忠以下大いに喜んだ。崇伝は四月七日付の勝重宛書状でその喜びの様子と、同じ日に増上寺の源誉が了的と廓山を伴い駿府に到着して家康・秀忠に謁見したこと、また大樹寺の僧が登城したことを伝えた。

相国様（家康）御気相弥御験気ニ御座候て、昨日も御かゆねっぱりとし候を、口の中ニ四度、夜ニ入候て壹度、以上五度上り申候。御中椀ニ半分程ツヽ上り申候う。大略おりへさかつきに一つほとつ、のつもりにて御座候。此分に御膳そろ〳〵と上り候ハヾ、すきと御本復可有御座と、公方様をはじめ、下々まで大慶不過之候。（中略）
一、増上寺昨六日着府候。両御所様へ御目見候。了的・廓山同道ニ出仕にて御座候。大樹寺も出仕候。何とやらん出家多く候て見ば悪敷候。
（「国師日記」）

四月七日、駿府に逗留していた梵舜が駿府城に登城し、その後浅間社において宗源（吉田神道のこと）行法を執り行った。あいにく梵舜は装束を持ち合わせておらず、白絹製の斎服で行を行った。翌八日には、秀忠の立願どおり浅間社で家康病気平癒の祈祷が行われた。

秀忠に祈祷を命じられたのは南光坊天海である。この場には家康見舞いのため三月二十七日に京都を発って四月五日に駿府に到着した天海と懇意の天台僧慈性《じしょう》も出席していた。

七日、御城へ罷出、次於浅間社、宗源行法一座、予執行也、装束不持故、斎服斗ニテ、行之也、
八日、浅間大明神例年之御神事也、次社頭為御祈祷、大般若経転読、南光坊執行、為将軍様被仰付神事、巳刻始了、於拝殿大般若経之作法在之、
（以上「舜旧記」）

その後梵舜は九日、十日、十三日とたてつづけに駿府城に登城した。

家康危篤

こうして各地で家康の病平癒の祈祷が行われたが、十一日になると家康は全く食事を取らなくなり病状は悪化の一途をたどった。そして四月十六日、崇伝は勝重宛の書状で家康の命は今日明日ともしれない状況に陥っている、遺体は遺言どおり久能山に納めることになり、神として祀ることになった。折よく梵舜が来ていたので秀忠がその作法を尋ねた。また増上寺には四十九日法要を行うよう使いを出し、増上寺での葬礼は中止になった、と伝えた。

一、相国様御煩、追日御草臥被成候。此十一日よりハ、一切御食事無之、御湯なと少参候體候。もはや今明日之體ニ候。何ともにが〳〵敷義無申計候。
一、先書如申、仕御遺言旨、御體をハ久能納、神に御祝可被成由ニ候。好折節神龍院在府被申候而、作法共被成御尋候。
一、於増上寺御弔御中陰可被仰付ニ付而、頓而増上寺江戸へ可被返遣候旨候。御葬禮ハ有之間敷由ニ候。

一方、梵舜もこの間の様子を次のように記している。

十五日、辰上刻、金地院ヨリ公方様御用トシテ書状来、則令登城、神道・仏法両義、御尋之所也、
十六日、晴、相国之御事、以神道之義、神位ニ駿州久能へ遷座之義ニ相定、被仰出也、
（以上「舜旧記」）

両者の日記を合わせ読むとこの間の経緯がわかる。

まず家康が危篤の状態となった十五日、秀忠は駿府に滞在していた梵舜を招き、神道と仏法の作法を尋ねた。

秀忠が梵舜を呼び寄せたのは第一章で述べたように、家康と梵舜との付き合いは古く神道論議が交わされたこともあった。また秀忠も何度か対面しておりよく知った間柄であった。しかも梵舜は秀吉の神格化を取りしきった吉田家の梵舜であり、誰もが認める神道家であったからこそ葬礼の作法を聞きたかったのであろう。

十五日段階での秀忠の心中は「神道・仏法両義、御尋」とあるように神葬にするか、あるいは仏葬にするか迷っていたようである。

ところで大事なこの場に天海の姿はなかった。もしこの場に天海がいたならば、その後の展開は違ったものになっていたであろう。

しかし梵舜への聞き取りを行った翌日の十六日になって、秀忠は遺言にはない吉田神道の神葬

方式をもって久能山に遷座することに決定した。その結果、増上寺での仏式葬礼は行わないことになり、増上寺に中陰（四十九日法要）の準備をするよう使いを出した。

この吉田神道による神葬によって家康の遺骸を久能山に埋葬したことが天海の反発を招き、神号論争へと発展していく。

家康薨去

四月十七日午前一〇時頃、徳川家康はついにこの世を去った。七五歳であった。

元和貳年丙辰卯月十七日巳刻大相国従一位源家康御他界也。御年七十五。

（「国師日記」）

その夜、家康の遺体は雨が降るなか二里余り離れた久能山に移された。家康の柩に供奉したのは次の一一人で、ごく少数の者に限られた。

天海・崇伝・梵舜の三名と家康側近筆頭の本多正純、秀忠名代の土井利勝、家康九男徳川義直名代の成瀬隼人正正成、十男徳川頼宣名代の安藤帯刀直次、十一男徳川頼房名代の中山備前守信吉、その他家康側近でのちに松平正綱と改名する松平右衛門佐正久、同じく板倉勝重三男の板倉内膳正重昌、同じく秋元但馬守泰朝である。

なお、実際に柩を担ぎ久能山まで運んだのは数多くの人足たちであったが、神秘に属すること故、何事も知らされずに運んだといわれている。

久能山では俄に京都大工頭の中井正清の指揮のもと配下の手により御仮屋が造営され出来上がっていた。その後天海・崇伝の両僧と中山信吉は山を下りた。

十七日夜、久能へ移シ御申候、本上野殿、土井大炊殿、安藤帯刀殿、成瀬隼人殿、松平右衛門殿、内膳殿、秋但馬殿、中山備前殿、并南光坊、拙老も罷越候、中和州奉而、御仮屋社頭以下俄造営御普請等も、彦九兵、壽学奉ニ而、急速出来、（以下略）

（「国師日記」）

十七日、晴、相国巳刻過ニ御他界也、夜入府中之御城ヨリ久能御城へ御移、金地院・予俄罷越、雨降也、

（「舜旧記」）

崇伝が山を下りたことから久能山でのその後の様子は「舜旧記」を引用する。

翌十八日、霊柩を移す御廟の地形（縄張り）が決められた。縄張りを決定したのは本多正純・土井利勝・安藤直次・成瀬正成・松平正久・板倉重昌・秋元泰朝の七人である。縄張り決定後、夜になるまで土木建築工事が続けられた。

十八日、当山御移之所、地形ヲ年寄衆本多上野、土井大炊頭殿、安藤帯刀、成瀬隼人、

松平右衛門、板倉内膳、秋元但馬、已（以）上七人、各評議ニテ定、夜入迄普請也、

四月十九日、亥刻（午後一〇時頃）、霊柩が御廟に納められ、遷座式が執り行われた。仮殿から御廟までの距離は二五間（約四五メートル）ばかりである。道の両側には絹幕二二帖を張り、道には一〇反の絹布を敷いたとある。この距離から推定すると御仮殿は現在の国宝に指定されている本社にあったといわれている。

十九日、仮殿作、座次三間四方ニ立ツ、井垣、鳥居、双塔爐二ツ立、次遷座也、亥刻左右絹幕ヲ引也、筵道絹布ヲ敷也、仮殿ヨリ廿五間計也、絹布廿二帖、筵道絹布十端也、

続いて祭儀が執行された。その模様は舜旧記に記されているがここでは割愛する。最後に立ち会っていた年寄衆が拝礼を行って祭儀は終了し、各々府中（駿府）に帰っていった。

（前略）次奉幣、両段再拝、榊原内記作法之義、教申也、次年寄衆一拝、本多上野・土井大炊・安藤帯刀・成瀬隼人・松平右衛門・板倉内膳・秋元但馬・於内陣在之、予可然之由申入也、次各退下、其夜各府中へ帰也、

（「舜旧記」）

梵舜は崇伝が久能山を下りた後も駿府にいる崇伝のもとに久能山での進行状況を詳しく知らせた。

崇伝は四月二十二日付の板倉勝重宛の書状で、十九日の午前四時頃に家康の柩が久能山の御廟に納められて神になったこと、厳重な作法により祭儀が相済み、一同は二十日の明け方に帰った、と伝えている。

則十九日之日之寅之刻、御廟に被相納候、神に被為祝候故、神龍院取沙汰被仕候而、厳重之御作法共相済候而、廿日之暁各帰府候、

（「国師日記」）

久能山から駿府に帰った年寄衆は崇伝のところに来て朝食を取り、駿府城西の丸に出仕した。崇伝も同様に出仕した。

右之御年寄衆、何も拙老所へ御出候而、朝飯参、従其西之丸へ各出仕ニ而候、我等も同前ニ出仕申候、

（「国師日記」）

第三章　神号論争と権現号

天海の異議申し立て

この夜、駿府城でこれまでの流れを一変させる問題が起こった。天海が家康の遺言をめぐって崇伝と論争するに至ったのである。この点について崇伝は意に介さなかったのか、日記に何も記していないが、その後の動きをみればわかるようにこの時点で何かがあったことは確かである。

廿日、御城（駿府城）にて大僧正と国師伝長老と、大御所様ヲ神ニ齋候へとの御遺言ニ付而□□問答候也、

（「慈性日記」）

ここに天海を大僧正、崇伝を国師と記しているが、天海が大僧正に任じられるのは後述する元和二年（一六一六）七月であり、崇伝が円照本光国師号を賜るのは寛永三年（一六二六）のことである。慈性が著した「慈性日記」には所々に日付の違いや称号の誤りがあり慎重に取り扱わなければならないが、天海の行動を知る史料はこれ以外にない。

後年の延宝七年（一六七九）に天海の末弟子胤海僧正が書いた「両大師伝記」には、このときとみられる記事がある。刺激的な文脈で綴られており信じがたい話であるが、ひとまずこの話の概要を紹介してみよう。

「家康は正月十日過ぎに患い、天海を召して山王一実神道の伝授を受けた。間もなく家康が亡くなると、南禅寺の崇伝という僧が本多正純を味方に付け、吉田神道を学んだ梵舜と組んで久能山に納めた。そのとき天海は枠外に置かれた。久能山での祭儀が済んだ日、将軍秀忠が世話になった人々と対面した。崇伝は利口な僧であるから追悼の挨拶をし、『遺言に違わず久能山に葬った』と報告した。これに対し天海が『遺言はいつしかみな消えてしまった』と言えば、崇伝は『偽りを申すように言われるが、何か遺言に違うことがあるのか』と言い返した。そこで天海は『遺言は山王一実の習合の神道であった。夕べは吉田神道の儀式で行ったと聞く』と言えば、崇伝は『家康公は豊国明神の近い例に習って神になるとのお心であった。そのため吉田神道によって儀式を行ったのであり、どこが本意と異なるというのか』と答え、問い返した。天海は答えた。『家康公は朝夕に徳川家子孫の繁栄を願っていた。豊臣家は滅亡してしまい、このような悪い例を受け入れた貴方は吉田神道のことも神仏習合のことも知らないのか』と崇伝を非難した。問答を数回繰り返していたとき、本多正純が進み出て『将軍秀忠の前で、しかも御哀傷の折に、このような話を出すとは何事か、天海は遠島に処すべきだ』と言って座を引き揚げた。秀忠もまた奥に入った」

さてこの記事は最初から矛盾に満ちている。まず家康が病に犯され、天海から山王一実神道《さんのういちじつしんとう》を受けたとあるが、天海が神道の伝授を受けたとする一次史料はどこにも見当たらない。山王一実神道という言葉は私が見た限り寛永十二年（一六三六）に天海が撰文し、後水尾上皇の宸筆とされる「東照社縁起真名本上巻」に「山王一実」とあるのが初見である。天海以前の山王神道と、家康の死後に天海が唱えた山王一実神道とを混同してはならない。

これまでみてきたように崇伝は家康の病気発症以来、昼夜家康のもとに近侍し、将軍秀忠は毎日のように家康を見舞うため西の丸から家康のいる本丸に出向いていた。それにひきかえ、家康の存命中に天海が家康の前に出仕したことを確認できるのは、家康が天海ら三人に遺言を伝えたときだけである。

このような状況下において、家康が山王一実神道を受けたという事実があれば、崇伝もその旨を日記に記したであろうし、それにもまして真っ先に遺言を執行する秀忠に知らせたはずである。家康が第三者をまじえず単独で天海に遺言するというのは、これまでの家康の行動からしてありえないことである。

次に吉田神道をもって久能山に葬ったことであるが、両大師伝記は崇伝を単なる南禅寺の僧としてとらえ、祭儀の責任を追及している。確かに崇伝は臨終の際に吉田神道梵舜の斡旋をしたが、梵舜を招き吉田神道をもって葬った実質責任者は将軍秀忠である。

実質責任者である将軍秀忠や多くの人がいる前で、はたして天海にこんな発言ができたであろうか。慈性日記にあるように天海と崇伝の間で遺言についての問答があったと解すべきであろう。そしてその内容は吉田神道が執行した祭儀に対する異議申し立てであったことにほかならない。最後の部分に本多正純が天海に遠島を言い渡す場面があるが、論評のしようがない。縁起の作者胤海がこの縁起を書いた頃には当時を知る人物は皆無であり、加えて本多正純は宇都宮城主であった元和八年に改易されており、正純系の本多家は存続していない。誰はばかることなく根拠のない噂や言い伝えによって書かれた可能性が高い。書かれた年代が後代になればなるほどその信憑性が薄くなるのは史料全般に言えることである。

当代に書かれた一次史料と後代に書かれた史料を同レベルで扱うと玉石混淆状態となり、訳がわからなくなってしまう。よって本書は後代の史料のうち根拠のあるものはこれを採用するが、この縁起にあるようなものは参考程度にとどめることにした。

秀忠、久能山へ参詣

四月二十二日、秀忠は義直、頼宣、頼房三兄弟を連れて久能山に参詣し、久能社の造営を中井大和守正清に命じた。正清は社殿等造営に関する一四項目を説明し、秀忠はこれを認め早速注文した。

注文した内容は明神造りの本社、千木・堅魚木、拝殿、巫女屋、神楽殿・舞殿・厩・校倉造りの御蔵・瑞籬・楼門の建造物と、材木及び木材を切り出す山に関することである。

このとき秀忠はまだ天海の異議申し立てを知らなかったようである。

廿二日、次公方様久能御社へ御参詣、尾州宰相殿、常陸殿、御鶴殿御社参也、其許之躰御感也、次久能御社作之事、大工大和ニ被仰付儀也、次社殿之事、大和方申来、注文遣也、

一、本社大明神造、千木・堅魚木アルヘシ、次拝殿、次巫女屋、次神楽殿、次舞殿、次御厩、次御蔵アセクラ也、次神籬、次楼門、次材木之事、次杣入之事、已上十四之数歟

（「舜旧記」）

翌二十三日、このままいけば日光山への勧請も明神号になってしまうと読んだのか、天海は慈性とともに駿府城に登城して秀忠に謁見した。天海が崇伝との問答のいきさつを述べ、天海の偽らざる心情を訴えたのはこのときであろう。このあと、秀忠の態度に変化がみられるようになる。

廿三日、南光坊と同心申候而、するか御城へ罷出、御目見申上候。

（「慈性日記」）

一同、江戸へ

四月二十四日、二月以来駿府に滞在した秀忠が駿府を離れ、二十七日に江戸に帰った。

一方、久能山で祭儀を行った梵舜はその後も久能山で「備神供」というおつとめを続けていたが、二十五日に七か日が過ぎ、山を下りた。

翌二十六日、土井利勝から崇伝に書状が届き、梵舜に江戸に参るよう連絡があった。秀忠の意思によることは明らかである。これ以降土井利勝の名が頻繁に登場するようになるが、秀忠は年寄衆のうち土井利勝を担当に据え、これからの問題に対処するよう命じたのであろう。

土井利勝からの江戸参府命令は崇伝から梵舜へ伝えられた。梵舜はその日のうちに身支度をととのえ駿府を出発した。当時の緊迫した様子がこの日記から伝わってくる。

梵舜はその日、上原に泊まり、次の宿泊地三嶋で同じく二十六日に駿府を出発していた崇伝と落ち合った。

五月一日、梵舜ら一行は江戸に着いたが、一行の宿は本城の町屋と駿河町屋であった。二宿借りていることから同行していた一行の宿も手配されていたようである。

なお、崇伝も同じ五月一日に江戸に到着したとみられるが、崇伝の宿は崇伝の日記にも梵舜の日記にも記されていない。崇伝のその後の日記をみると崇伝の宿所は知足院という寺であることがわかるからこの寺に向かったのであろう。知足院は臨済宗の寺であると推察できるが、所在地がどこにあったのかなど、今となっては全く不明である。どうやら江戸城から少し離れたところにあったらしい。

廿四日、備神供、次公方様江戸へ還御之由也、
廿五日、備神供、次御城之女中悉参詣也、次一七ヶ日過、予久能ヨリ罷帰、
廿六日、土井大炊、金地院へ書状ニテ、予江戸へ罷越之由候間、俄令用意、未刻ニ上原一宿、
廿七日、三嶋ニ一宿、則金地院ト同道也、
五月一日、武州江戸之本城之町屋、駿河町屋ト云所ニ宿借、亭主名五右衛門、平野屋源左衛門馳走也、
(以上「舜旧記」)

一方、天海の動きはつかめない。天海も梵舜同様江戸に参るよう指示されたとみられるが、なにぶん天海は日記なるものは残しておらず、行動をともにしていた慈性の日記に頼るしかない。慈性が駿府を出発したのは梵舜と同じ二十六日であった。慈性の江戸への下向理由は家康の弔いのためということであった。慈性が江戸に着いたのは五月一日、法性寺を借り宿所とした。どうやら天海は慈性と行動をともにしていなかったようである。

廿六日ニ駿河ヲ立候而ゑとへ参候、大御所弔申候て上り候ハんとの事也、
五月朔日、ゑと参着、法性寺ニ借屋、
(「慈性日記」)

江戸での神号論争

江戸に着いた崇伝は翌五月二日に登城して秀忠に謁見した。同日梵舜は土産物を携えて土井利勝・酒井忠世・安藤重信・本多正信ら江戸の年寄衆を訪ね挨拶回りをした。

五月三日、梵舜が宿所に戻ったとき、幕府から内々のお使いとして星野閑齋と林永喜の二人が梵舜の宿所に派遣されてきた。林永喜は林羅山の弟である。

両名は梵舜に権現と明神の上下の差を尋ねた。ここに初めて天海の主張する権現名が登場する。これは秀忠がすでに天海から権現の名を聞き及んでいたことを意味している。

梵舜はこの問いに対し、「両者に上下の差はない。されども権現はいざなぎ・いざなみ命両神の号である。一方、明神は鳥居を備えておけば、誰でも身を清めて自由に参詣することができる。特に家康の官位にふさわしい神であり、最も大明神がよいであろう」と、答えた。

なお、鳥居でなく魚鳥とする説もある。

> 三日、本多上野・土井大炊頭・安藤対州・金地院依振舞、帰路ニテ及面也。次閑齋・永喜両人、公儀ヨリ御内談之御使ニテ、権現ト大明神ト上下之差別尋被申也。上下之差別ハ無之由申也。サレトモ権現ハ、諾尊（伊弉諾尊）・冊尊（伊弉冉尊）両神之号也、明神ハ鳥備申候へハ、明神潔齋参詣自由也、殊相国官位相当之神也。尤大明神可然之由申渡也。
>
> （「舜旧記」）

一方の天海はどのような理論をもって秀忠に権現号にすべきと勧めたのであろうか。これをうかがわせる記事が家康に仕えていた林羅山の著「丙辰紀行草案　久能宮」にある。要約すると、はじめは昔からの風習に任せて吉田神道の卜部氏梵舜によって祀られたが、天海は「常に仏法を好んでいた家康公は、仏・法・僧の三宝を忘れた神になってはならない、豊国社のようにはなるな、といつも仰せられていた」としきりに秀忠に訴えた。秀忠は「そのとおりだ」と仰せられ、神仏習合、本地垂迹の神として朝廷に奏請し大権現になられた、というのである。

始は宗源の神道にて、我国上古の風儀にまかせ、卜祝のものとりおこなふへかりしを、常に仏法を好みましませは、いかてか三宝を忘にくむ神にならせたまふへきにや、豊国の社をして、こほちすてたまはんやうに、いつも仰られしなと、天海僧正しきりに訴申されけれは、将軍家けにもとおほされて、さらは両部習合、和光同塵の神になしまひらせ、朝に申、御神号を贈らせたまふへしとそ、使節都へのほりけれは、主上（後水尾天皇）春秋富せましますも、公卿建議ありて、大権現にならせたまふ、明年四月下野国日光山に遷宮あるへきにさた賜りぬ、

この記事によって天海が秀忠を説得した天海理論のおおよそを知ることができる。吉田神道は

唯一宗源神道ともよばれ、吉田流卜部《うらべ》氏に引き継がれた神道である。これに対するのが仏家神道ともよばれる神仏習合の両部習合神道である。ここに和光同塵の文言があるが、これは仏が仮（権）の姿である神となって現れるという本地垂迹説を表す。

林羅山が書いたこの文章は一般にはわかりづらい。簡単に言えば天海は吉田神道によって神式のみの葬礼を行ったことに異論を唱え、比叡山延暦寺が日吉社を地主神とした山王神道のように家康が好んだ仏法を取り入れた葬礼法式にすべきと主張したといえよう。

これ以降天海は家康の神号として権現号を主張し、天海が主張したこの思想はやがて山王一実神道として実を結ぶことになる。

推測ではあるが、天海が秀忠を説得した日は天海が江戸に到着したとみられる五月一日前後のことではなかったろうか。

林永喜らが梵舜に神の上下を尋ねた翌日の五月四日、梵舜は土井利勝邸を訪ねた。そこには節句の礼に諸大名が来ていたので権現と明神の意味を伝えた。六日には土井利勝に書状をもって秀忠に謁見ができるよう申し入れをしている。梵舜もまた明神号が採用されるよう懸命な説得工作を続けていたのであった。

同五月六日、天海は梵舜に先だって江戸城に登城し、慈性はその後に登城して秀忠に謁見した。

五月六日、ゑと御城へ南光坊御出仕候付而、跡より登城、御目見、出家衆何も御振舞被

仰付候、　　　　　　　　　　　　　　　　　　　（「慈性日記」）

天海のこのときの行動は不明であるが、このときと思われる逸話が宝永元年（一七〇四）成立の谷秦山《じんざん》著「新盧面命《しんろめんめい》」に紹介されている。この書は土佐国の秦山が江戸滞在中に天文学者の渋川春海から聞いた話を覚え書きとしてまとめたものである。

いずれの神道家も日光山でも明神とすべきであると言っていたとき、天海ただ一人が権現がよいと主張した。秀忠はよく調べるように命じた。土井利勝と思われる老中が天海に明神が悪く、権現がよいと言うがその証拠を示せと再三尋ね、天海は答えなかったが、最後に明神は悪い、あれがよいのか、豊国大明神を見よ、と言った。そして以降明神号は立ち消えになり権現となった、というのである。

又日光を明神とすべきと、何も神道者申候時、権現可然と天海申され候、此段具に詮議可仕由、台徳公仰られ候、依之老中天海へ、明神ハ悪く、権現ハよきと申証拠出され候へと、再三尋申され候へ共、兎角云ハず、終ニ只一言申されけるハ、明神ハ悪し、豊国大明神を見やれ、あれが能かと、一言申され候、明神遂に止候、権現御成り候、

（「大日本史料」元和二年五月三日条）

天海は秀吉を祀る豊国大明神号を引き合いに出し、滅亡した豊臣家のようになってもよいのかという脅し文句ともとれるこの言葉には誰も反論することはできず、幕府の方針は一挙に権現号に傾いていった。あまりにも単純な話ではあるが、うなずける話でもある。

そうとは知らない梵舜は十二日になって土井利勝から今日秀忠にお会いできると連絡があり、崇伝と江戸城に登城して秀忠と対面した。梵舜の日記にはこれしか触れていない。

十二日、土井大炊助ヨリ申来、今日御目見可然之由申来、金地院令同道罷出、仕合能御目見申入了、

（「舜旧記」）

梵舜と同行した崇伝はその日十二日付の板倉勝重宛書状で、これまで吉田神道をもって事を進めてきたが、ここに至って天海が口を挟んできた。崇伝は神ならば吉田であるとしていたが、天海は神道を知っていると言ってきた。我々は天海の言うことには一切相手にしないことにした。もはやひっくり返ることはないだろうから御安心ください、と伝えた。十二日の段階で、崇伝はまだ秀忠の考えが天海の主張する権現号にかたむきつつあることを知らなかったようだ。

一、相国様御ゆいこんの旨ニ而、久能へ納神ニいわ、せられ、吉田代ニ先神龍院在府故、作法共申沙汰被仕候。御神号ハ重而勅使可在之通ニ御座候キ。然所ニ南光坊何角存

分之儀御座候而、少々出入共御座候ツル。拙老ハ神ならは。吉田可存候儀と申候を、南光坊神道をも存知候様ニ被申候ツル。一円我等ハかまい不申候。此儀をからかい申様ニ、其他へモ聞え申候哉。別成儀にては無御座候間、可御心安候。此儀先書にも不申入候キ。当月三日之御書中ニ承候間、粗申入儀ニ候。惣別それぞれ之道を可被為之旨、相国様も度々御諚候間、右之通ニ一応申迄ニ候。以後之儀ハ少もかまい無之候。様子ハ御年寄衆各御存知之儀ニ候。其地にてむさと取沙汰候ハヽ、御心得候而可被下候。

（中略）恐惶謹言。

五月十二日　　　　金地院

板倉伊賀守人々御中

（「国師日記」）

増上寺・喜多院・大樹寺での法要

五月十七日、増上寺において四十九日法要が開始された。この法要には京都の寺による御経は無用とされ武州近辺の寺衆が集まった。この日は将軍秀忠も出席して焼香した。

十七日、大相国様御弔之事、於増上寺在之、京都寺之諷経無用之由ニテ無之、武州近国之寺衆来也、当日公方様御焼香、御成之由也、次施行、一日ニ千人之由也、八木一升宛之由也、

「舜旧記」

なお国師日記によれば、増上寺での法要には大名衆の香典などが禁じられた。家康が神になられた以上、仏事は内々のこととしてのお考えのようであった、とある。

増上寺の法要は結願《けちがん》（終了）日である五月三十日まで続けられた。結願日にも秀忠は出席した。

一方、天海も仙波喜多院において家康の法要を行った。これには慈性も参加していた。仙波での法要は五月十七日に始まり、同月二十三日に結願した。

五月十七日ヨリ大御所様御吊（弔）、仙波ニテ初リ候也、晩ニ論議アリ、所下衆、色心初観、

（「慈性旧記」）

次に遺言にある大樹寺への位牌の件であるが、これを示す史料は残っておらず詳細は不明である。ただし崇伝が土井利勝の問いに答えた六月十二日付の書状のなかに大樹寺でも法要が営まれ位牌が立てられることになったことが確認できる。法要の時期は確認できないがこの書状が出された六月以降であったことは明らかである。

利勝の崇伝に対する質問は大樹寺に秀忠の使いを出して香典を納めてよいかというものであり、崇伝はこれに対し大樹寺はお位牌を立てる寺であるから当然である、と答えた。

六月十二日、土井大炊殿より大樹寺ニ而御弔候者、公方様より御使をも被遣、御香なとをも可被遣かとといニ来、則返書遣ス、案左ニ有、
尊書忝存候、大樹寺ニ而御吊弔御座候付て、公方様より御使者被遣、御香典も可被為参歟之旨、即被下候。左様ニ御座候て可然儀と、拙老式も奉存知候。御位牌立申御寺之儀ニ候間、不混自餘御事候。猶御尋之御用も御座候ハヽ、何時も其へ可致参上候。是迄遠路御使札忝存候。恐惶謹言。

六月十二日　金地院

土井大炊助様尊報

（「国師日記」）

また、大樹寺で行われた法要の記事が「大日本史料」掲載の大樹寺事書にある。残念ながら法要の日は記載されていないが、信頼できる史料であるので掲載しておく。

この史料から位牌に刻まれた家康の法名は「一品大相国公徳蓮社崇譽道和大居士」、派遣された秀忠の使者は本多康紀以下五人、また増上寺では認められなかった諸大名の香典も土井利勝の問いに対する崇伝の答えのように許されていたことがわかる。

一家康公、元和二丙辰四月十七日御他界、法名一品大相国公徳蓮社崇譽道和大居士、
一家康公御他界御弔ノ儀式、千部御執行、再施行在之、

御奉行　本多豊後守（康紀）
本多縫殿介（康俊）
水野　隼人（忠清）
松平和泉守（乗壽）
丹波　勘介（氏信）

一諸大名、別而御譜代大名衆不残御香奠使者被上候、

一尾張大納言殿（義直）、別而御追善有御法事、（「大日本史料」元和二年五月十七日条）

秀忠、権現号奏請《そうせい》決定

五月二十一日、崇伝は親交のある細川忠興に当時の崇伝の心情を綴った書状を出した。書状には久能山神葬以降に起こった崇伝と天海の主張が記されており、論争の真相を知るうえで貴重な史料である。

崇伝と天海との間で直接論争があったのは前述のとおり久能山への神葬が行われた後の四月二十日のことと思われるが、崇伝のこの書状によれば天海は崇伝に対して、「山王神道を知っているのか、吉田は山王の末社である」などと吉田神道による神葬を批判した。この時点で崇伝はこの批判にあまり関わらない方がよいという立場をとっていたことはすでに述べた。

しかし二十一日の段階になると崇伝は天海の主張する権現号が幕府で決しかけていることを察

知したのか、書状のなかで、「山王神道とかいう神道によって日本国が成り立つのであろうか、このような珍仕儀は聞いたことがない」と天海を酷評した。当時仏教界では天台宗は有名であったが、その神である山王神道なるものは一般にはあまり知られていなかったようである。

崇伝はこの書状の一節の最後に忠興に危険が及ぶのを恐れてか、この書状は燃やしてもらいたいとつけ加えた。

御神号以下竝御位以下、従禁中被仰出。其上勅使上卿以下御下向。其時吉田神主被罷下御遷宮以下之作法可有之との義ニ候処ニ、南光房被申候様ハ、山王神道とて別而存知之由候。吉田ハ山王の末社ニ而なと丶、種々様々被申掠候故、何となく相延申候。拙老とからかい候様ニ世上にもさた有之由候。定而其地へも左様のさた可有之候。右の様子迄ニ候。御気遣候間敷候。かやう之義、自余へハ中〱不申候へ共、貴様ハ内證申候。吉田殿之事ニ候間、為御存知申事ニ候。此此上方より書立参候由ニ候。拙老申候ごとく、無相違相聞へ申候。拙老ハ何時も有様ならては申間敷候。吉田之神道と被相妨、山王之神道とやらんニ日本国が成可申か、かやうの珍敷義ハ前代未聞と存候。併公儀之御分別、如先規と被思召御内談と此此相聞へ申候。内記殿よりも様子可被仰入候へとも、大方申入候。神龍院いまた当地ニ逗留被申候。当月十二日ニ出仕被申候而、御目見へ被仕候。拙老同道ニ罷出候。此上ニ而も、吉田殿御総領神龍院被取成下向候而、可然と申事ニ候。勅諚も可為其分と存候。此義御さた有間敷候。書中も可被成火中候。（「国師日記」）

この手紙の後半部分には、崇伝が江戸城から離れた知足院におり、日々増上寺に出向いていること、香典は禁じられていることなどが書かれ、最後に病になりそうだ、臥せりながらこの書を書いている。意味もわからないだろうと胸の苦しさを訴えている。

一、我等も先書ニ如申候。腹中いまたしか〳〵無御座、胸痛かれこれにて、さん〳〵の體ニ而候。此體ニ病者ニ罷成候へは、御奉公も成かたく存候。無念ニ存候。（中略）

恐惶謹言

五月廿一日　　金地院崇傳

羽越州（細川忠興）様人々御中

（追伸）気相悪候而、ふせりなから書由候。わけみへ申間敷候。以上。（「国師日記」）

仙波での法要に立ち会った慈性は二十四日に江戸へ戻った。そして五月二十六日、秀忠は江戸城に天海を招いた。そこで秀忠は家康を権現に祀ることを決定したので朝廷の裁可をえるため早急に上洛するよう命じた。ここに幕府内の神号論争は決着をみたのである。

廿六日、御城へ南光坊ヲ被為召、大御所様ヲ権現御齋可被成候、頓而上洛候へとの事被仰出候、　　　　　　　　　　　　　　　　　　　　　　　　（「慈性日記」）

慈性はその後二十八日に秀忠に謁見したのち、翌二十九日に江戸を離れ、薬樹院とともに木曽路を通って近江の多賀に帰っていった。

崇伝はこの権現決定について何ら触れることはなく、六月六日の勝重宛書状に「拙老ハ一円かまい不申候」とあるように投げやりな態度を示すようになった。

神号奏請に上洛

秀忠は家康の神号を権現と決めたが、これを正式に決定するには、天皇の勅許をえる必要があった。豊臣秀吉の神号は当初新八幡であったが、勅許をえなかったために豊国大明神となったことはすでに述べた。このような例があるからこそ、家康の神号決定にあたっては慎重を期さなければならなかったのである。

五月三十日、家康の神号を奏請するため、板倉重昌、南光坊天海、林永喜が派遣されることになった。三人が江戸を出発して京に向かったのは六月十一日のことである。

なお板倉重昌については久能山に家康の柩を納めたところで触れたが、京都所司代板倉勝重の三男で家康の駿府時代から近習としてよく仕え、家康の信頼が厚かった人物である。

これ以降秀忠・家光と三代にわたって仕えることになるが、日光東照社の大造替があった翌年の寛永十四年（一六三七）に島原の乱が起きると上使として現地に赴き、一揆鎮圧につとめた。しかし一揆の勢いは盛んであり思うようにはいかず、翌十五年正月元旦、原城に総攻撃をかけて戦死した。

卅日、板倉内膳、南光坊、永喜三人、久能御神号望申ニ上洛也、
六月十一日、金地院熕、為音信、麩一重持遣也、次南光坊・板倉内膳・永喜上洛也、
（以上「舜旧記」）

梵舜は六月二十日に土井利勝から呼び出しがあり即登城して秀忠に謁見した。この日梵舜は秀忠から銀子三〇枚ほか反物二・帷二を拝領し、翌々日の六月二十二日に江戸を離れ京に向かった。

朝廷への神号奏請

これからは京における天皇への権現号奏請に移るので、断りのない限り朝廷の書記官ともいえる壬生家本姓小槻氏の左大史孝亮が書いた「小槻孝亮宿弥日次記《おづきたかすけすくねひなみき》」（以下「日次記」という）によって話を進めていく。なお奏請とは天皇に奏上して裁可を願うことであり、単に天皇に申し上げる奏上《そうじょう》とは異なる。

六月二十三日、天海一行が京都に到着した。二十九日には広橋・三条西両伝奏と板倉勝重が参

内して関白二条昭実に面会した。これから始まる神号奏請の事前挨拶程度であったと思われるが、ある公家から院号を進められてはどうかとの発言があった。しかし二条殿は神号と院号を合わせ下された例はないとしてこれを断った。これ以降二度と院号問題が提起されることはなかった。

卅日、参二條殿被仰立、昨日伝奏并板倉伊賀守祇候、其儀駿河相国神号之事、又自公家院号可被進由事也、神号又院号被下無例由有仰、

七月四日、天海が参内して権現号奏請の趣旨説明を行った。

同じ日、前日京に着いた梵舜が武家伝奏の広橋大納言を訪ねた。広橋は久能の儀を一々尋ね、公儀が奏上するならば吉田家の申し分は立たないであろうと梵舜に告げた。梵舜にはこれに返す言葉がなかった。

四日、早朝廣橋大納言へ参ル、単物一ツ・帷一ツ令持参也、久能之儀、一々尋也、依而公儀、別而執奏事候候間、当家中分者立間敷之由候、依時不申達儀、是非理一圓之體也、

（「舜旧記」）

七月六日、禁中で家康の神号に関する会議が開かれた。冒頭天海の奏請内容が説明された。天海が言うには、天海は家康から遺言として神を頂くことを任され、また将軍秀忠から奏上するので宣命使・宣旨を下さるよう命じられた、という説明であった。

これを聞いた人々のなかには「遺言をもって取り次いで奏上するなど朝廷を軽んじている。まして仏法に身を置く者が、神の称号を頂くことはもってのほかだ」などと噂する人もいた。

六日、今日禁中諸家御寄合也、故相国御遺言云、歟神灌頂《しんけん》之事被仰置南光坊云々、又将軍御執奏之間、宣命勅使宣旨以下可有御沙汰由、自将軍被申之云々、人々被申旨者、云遺言云執奏不軽事也、然而自法中神灌頂之事者、為沙汰之外之由、有風聞、

この日の会議に出席していた土御門泰重《やすしげ》の日記にはこうある。

家康公の神号を究明するため、諸家が清涼殿に集められた。東国の使者から承るには、家康の遺言により天海が勧請の一切を任せられることになり今回の神号勅許の申し入れに至ったとのことである。これまで我らなくして日本は成り立たないと豪語していた白川家や吉田家は面目を失った。

六日　家康公神号之事、御穿鑿ニヨリテ、諸家清涼殿参集之由御触御座候、ヨッテ各々

朝参也、東国ヨリ使之旨承及候、家康公遺言ニまかせ、南光坊ニ勧請一切之作法まかせおかれ候よし候間、神号之事計勅許之事被申入候、白（白川）・田（吉田）我等ならてハ日本あるましきかなと、申候折節、無詮失面目候也、

（「泰重卿記」）

翌七日、孝亮とその子忠利及び広橋大納言が二条殿のところに集まり神号について相談した。二条殿の意見は神号勅許のことは平野・吉田等に任せるべきとの考えであった。京都の公家衆は山王神道の存在を認めず、どうやら天海に勅許を与えることには否定的であったようである。

七日、予（孝亮）忠利参二條殿、廣橋大納言祗候、神号事有御相談、神灌頂之事者、平野吉田等可沙汰歟之由、有御沙汰、

権現号決定

ところが七月十三日になって状況は一変した。ついに奏請どおり権現号が決定したのである。この日、両伝奏が二条殿のところに参上したところ、二条殿は「神号は権現、勅で定める」と伝えた。幕府の力が働いたのか、それとも幕府を後ろ楯にする天海の主張を認めざるをえなかったのか、この間の事情はわからないが、公家衆は山王神道を知らないにもかかわらず、曲げてこれに従ったのである。

十三日、両頭祇候二條殿、其儀者、今度神号之事可為権現之由、勅定之旨被申之云々、

神号が権現号と決まったあとの十七日、板倉勝重が参内して二条殿のところに参上した。天海の意を受けたのであろう、日光権現との関係について問い合わせに来たのである。勝重は、日光山には日光権現という神があるが、新たに権現があってよいのか、菩薩はいかがなものか、と尋ねたところ、二条殿は、同じ日光権現であってはならない。また菩薩は思いがけなくめぐり会うものだ、と答えた。権現号は決まったものの、権現の名称はまだ決まらなかった。

十七日、自板倉伊賀守窺申二條殿、日光山ニ日光権現ト申神有之、然者今権現ハ可有之由、菩薩トハ可有如何哉之由窺申處、仰曰、日光権現トアラハ、重而権現トハ有間敷義也、又菩薩猶邂逅《かいこう》之由也云々、

天海の遷宮旧記調査

その後天海は遷宮の調査にあたった。十九日に孝亮が二条殿のところに参上したところ天海も来ており、神号遷宮について雑談していた。孝亮は天海に遷宮旧記を見せようと文庫に連れて行き旧記を閲覧させた。また天海は二十一日にも宇佐八幡宮の遷宮次第を閲覧している。

十九日　参二條殿之處、南光坊有祗候、神号遷宮之事有御物語、予遷宮旧記共令覧南光坊、即南光坊同道、参広橋大納言、彼旧記懸御目、
廿一日　参南光坊、宇佐宮治安二度遷宮次第令見、南光坊猶於江戸可沙汰由被申之、

関白二条殿は家康の神号を書き直すため二十四日と二十六日に孝亮をよんで検討したが、二十七日になって神号を東光大権現及び日本大権現と清書するよう孝亮に指示した。

このときはまだ案の段階である。この日、天海に随行している板倉重昌が参内し、二条殿に面会した。重昌がこの日参内したのは二条殿がこの案を天海に知らせるためであろう。

廿七日、参二條殿、神号之事清書、東光大権現、日本大権現、板倉内膳正祗候、御対面有之、雨降、

七月二十七日、天海は大僧正に任じられた。慈性は事前に察知していたのか、二十六日の日記に「七月廿六日、南光坊大僧正ニ勅許ノ由」と記している。

左は「柳原記録」にある天海大僧正叙任の宣旨である。

上卿広橋大納言（兼勝）
元（和二年七月）廿七日（宣旨）
僧正天海　南光坊
宜轉任大僧正
蔵（人頭右大辨藤原兼賢）（奉）

（「大日本史料」元和二年七月二十六日条）

翌二十八日、天海が参内した。参内の要件は記されていないが、八月五日に行われる正親町天皇法要準備のためであったと考えられる。天海が大僧正に任じられた翌日のことでもあり、天海の権威は高まったが、日次記はまだ僧正のままである。

廿八日、参南光坊僧正、諸司等同道、

八月五日、上皇の御所である仙洞において正親町天皇二五回法要が営まれた。このとき天海は導師をつとめた。

五日、日出之時分院参、正親町院御弔御経供養在之也、叡山南光坊導師也、着座西園寺内府・中御門大納言（中略）予也、午之過ニ法事相終也、

（「泰重卿記」）

八月十一日、天海は慈性とともに比叡山に登った。登山の目的は懇意にしている薬樹院の子息の得度祝いのためであった。二人は十四日に比叡山を下山した。

十一日、南光坊同心申候而、ゑい山登山仕、薬樹院皃得度為見舞也、盃臺・樽一荷遣ス、

十四日ニ下山、（以上「慈性日記」）

東照大権現号決定

九月三日、板倉勝重が京より江戸に到着した。

九月三日、板伊賀殿京より江戸へ下着。（「国師日記」）

このときの勝重の任務は家康の神号として朝廷から示された東照大権現、日本大権現、威霊大権現、東光大権現の四案のうちいずれかを将軍秀忠に決めてもらうことであった。

この四案のうち日本大権現と東光大権現は前述のとおり関白二条昭実の提案であり、東照大権現と威霊大権現は前右大臣の菊亭こと今出川晴季の提案であった。

秀忠が選択した神号は周知のとおり東照大権現であるが、菊亭晴季の提案には天海が深く関わっていたようである。東照大権現名は武家伝奏が江戸に到着した際に伝える運びとなっていた。

以上の内容は崇伝が九月七日付で細川忠興に宛てた書状によって確認できる。

一、板伊州九月四日当地へ下着候、節々散会、上方之儀共相談共申候、一伝奏衆近日下向之上左ニ而候、一相国様御神号之事、東照大権現、日本大権現、威霊大権現、東光大権現、右四つの内、何へ成共、将軍様次第に被為定候にと内證被遊付、従禁中被仰出候。右ハ二條殿、菊亭殿両人二ツつ、内書之由ニ候。いまは何ニ可被成御定共、不被仰出候。傳奏衆下向候者、御雙談にて可相定と存候。吉田殿不被指出、何もかも南光坊之神道と相聞へ申候。

（「国師日記」）

ところで、九月三日に江戸に到着し、神号の勅許を秀忠に報告したのは天海とする誤った記述が「日光市史」をはじめ多くの書に記されている。この記述は次の「東叡開山慈眼大師伝記」を引用したもので、その頃天海はまだ京都にいた。

元和二年、大僧正天海辞帝都而趣武州、九月三日入江戸城下、早達神号勅許之旨於秀忠公、于時秀忠公大作喜色、同十七日城中而賜盛膳於海師、其品七五三、

意訳すると、大僧正天海は京を去り武蔵国に赴いた。九月三日に江戸城下に入り、早速神号勅許の件を秀忠公に伝えたところ、秀忠公は大いに喜び、同月十七日に城中において天海は盛膳を賜った。その品数は七五三あった、というのである。

天海が江戸に入ったとする九月三日は板倉勝重が江戸に着いた日と同じである。どうやら伝記の著者東源は天海と勝重を取り違えたようだ。

天海はこの時期まだ京都にいた。九月十四日に天海大僧正は参内し、秀忠に見せるため宇佐宮と石清水八幡宮の造営日時に関する旧記を拝借している。

（九月）十四日、宇佐宮・八幡宮造営日時旧記借進南光坊大僧正、就神号之事、大樹可懸御目之由也、

宇佐八幡宮（大分県宇佐市）はすでに六世紀の頃から新羅の土俗仏教を取り入れた習合的信仰を形成し、巫僧神職団を有し、奈良時代には神宮寺として弥勒寺があった。いわば神仏習合の先駆である。京都府八幡市にある石清水八幡宮は貞観二年（八六〇）奈良大安寺の僧行教が宇佐八幡宮から八幡神を勧請したことに始まり、伊勢に次ぐ第二の宗廟として尊崇された。

これから始まる日光山への遷宮にあたっては、あらかじめ将軍秀忠も遷宮の知識を知っておく

必要があると思ったのであろう。そのため天海は孝亮に頼んで宇佐宮と石清水八幡宮の遷宮を記した旧記を借りたのである。

権現号勅許を正式通達

天海が京を発ったのはそれから二日後の九月十六日のことであった。同じ日、慈性の父大様（日野資勝）も勅使として江戸に向かった。勅使一行には「言緒《ときお》卿記」を著した山科言緒も含まれている。

九月十六日、南光坊ゑと（江戸）へ下向、
同日、大様（日野資勝）東国御下向、廣大納言（廣橋兼勝）様ニも御下向、東照権現ノ神号ノ事齋候の事也、（「慈性日記」）
十六日、江戸へ罷下衆、廣橋大納言・三条西大納言・日野大納言・中院宰相中将・柳原弁・予・右衛門佐・勧修寺以上八人今日下向、従京草津迄下着也、（「言緒卿記」）

勅使一行は九月二十六日に江戸に到着した。同月二十九日、言緒が広橋大納言の宿所へ出向いたとき板倉勝重と出会った。板倉勝重は秀忠が東照大権現号を選択したことを報告していたのかもしれない。

十月三日、勅使一行は江戸城に登城して秀忠に謁見し、権現号が勅許されたことを伝えた。

三日、将軍様へ各御禮申衆、禁中より勅使伝奏廣橋大納言、三條大納言、其次曼殊院宮、一乗院宮御名代了雪、八宮等也、其次西園寺内大臣、轉法輪大納言、日野大納言、中院宰相中将、柳原辨、予、高倉藤右衛門佐、勧修寺左兵衛権佐等也、（「言緒卿記」）

十月六日、言緒が板倉勝重を訪ねたとき、勝重から日光山東照大権現の遷宮日が元和三年四月十七日に決まったので、舞楽と伶人の道具を調達し、加えて秀忠・義直・頼宣・頼房の束帯の道具を調達するよう命じられた。朝廷における装束等の手配は山科家の家業であったからである。

家康の神号が正式に決定したことから、はやくも東照大権現の遷宮日は来年の四月十七日と定められ準備が開始された。

京都所司代の板倉勝重は日光山の遷宮日をあらかじめ知らされており、京都における大工職人の手配や道具の調達など一切を任されていたようだ。

その後言緒は伝奏衆に右の様子を伝え、続いて浅草観音寺に参詣、それから天海、崇伝のところに赴いた。

六日、一板倉伊賀守へ罷向、日光山東照大権現遷宮、来年元和三年四月十七日ニ可有、舞楽并伶人道具可調進、将軍様并尾張宰相中将（義直）・駿河宰相中将（頼宣）・同少将

（頼房）此衆モ可為束帯、御道具可調進之由承了、
一右様子伝奏衆語申、則従伝奏衆宿浅草観音寺へ罷向、南光坊罷向了、
一金地院へ晩飡ニ罷向、相客久我大納言・水無瀬一斎等也、（「言緒卿記」）

勅使一行は十月七日に江戸城に招かれ饗応を受けた後、十月十日に江戸を出発して京に向かった。

第四章　日光東照社造営と改葬

縄張り

日光山でも遷宮に向けて準備が始まった。まず御宮敷地の縄張り、つまり縄を張って建物の位置を定めることから始まった。

これまで日光山での縄張りは貞享元年（一六八四）に完成した秀忠の事跡録ともいえる「東武実録」の次の記事から十月二十六日に天海が主役となって行ったとされてきた。これまでの出版物もこの記事を引用しているのがほとんどである。

十月二十六日、下野国日光山ニ東照大権現ノ御廟社御建立有リ、是日天海僧正縄張ヲス、本多上野介・藤堂和泉守高虎ヲ以テ奉行トス、日根野織部正（吉明）・本多藤四郎・山代宮内・糟谷新三郎等是ニ副フ、

はたしてそうであろうか。縄張りがたった一日で、しかも縄張りの実績のない天海が主役となっ

てできるわけがないことは一目瞭然である。この日付に異を唱えたのが東照宮三百年祭の折に「東照宮史」を編さんした東京帝国大学の平泉澄氏である。

よって元和二年十月上旬、天海大僧正は日光に下り、藤堂和泉守高虎・本多上野介正純と共に審に地理を踏査して社殿造営の浄境を選び、ただちに工事に着工いたしました。

縄張りの日は伊達家文書からある程度特定することができる。この書状は伊達政宗の家臣鈴木七右衛門から藤堂高虎とその家臣八十島道除に贈られた塩鮑に対する八十島道除が出した十月十六日付の返書である。この書状によって高虎は十月九日に日光に向かい、十七日頃帰途についたことがわかる。よって縄張りの日は十二日ないし十三日頃から十六日頃まで行われたとみることができよう。

預御懇書、両通何も令拝見之候、仍和泉守かたへ如御書中、御肴数五十、被持候、即請取置申候、去九日ヨリ、相国様御宮所見立申候儀、為上意日光山へ被参候、明日辺彼地可被罷帰之由候條、帰宅節具申聞、自是以直札御禮可被申候、猶御使者へ申入候、恐惶謹言、

応鐘（元和二年）十六日　　道除（花押）　　（「伊達家文書」）

また高虎が十月九日に江戸を出発したことは次の高虎が崇伝に宛てた書状からも確認できる。高虎が出した書状は十月十日付であり、その日のうちに崇伝のもとに届けられているので高虎は江戸からそう遠くないところにいたことがわかる。

一、十月十日、藤原泉州（高虎）路次より十月十日の状来、（「国師日記」）

日光東照社の大工頭をつとめた中井家には一次史料ではないが、縄張りから造営を任されるに至る経過を記した文書が残っている。

そこには日光山御宮地の見分（縄張り）を本多正純、藤堂高虎、中井正清の三人が仰せ付けられた。縄張りのあと、中井正清は縄張りの結果にもとづいて模型の木型を造り、秀忠の決裁をえて御宮の造営をまかされることになったとある。

一、日光山御宮地見分御用、本多上野介殿藤堂和泉守中井大和守江被仰付、見分之通木型仕、台徳院（秀忠）様奉備上覧候処、見分通被仰付、御宮御造営御用大和守江被仰付候。右日光山御用に付、従京都職人共罷下候儀、従板倉伊賀守殿大和守江御状、従南光坊僧正書翰等、持伝申候。（「中井家文書」）

本多正純は家康側近の筆頭であったが、家康の死後は秀忠のもとで年寄（のちの老中）職をつとめ、東照社造営の総奉行を任された人物である。

藤堂高虎はこれまで述べたように武功一辺倒だけではなく、築城巧者と知られ、家康の命で名古屋城、篠山城、膳所城、彦根城、姫路城、大坂城、伏見城など一五城もの築城・縄張りに関わった専門家でもある。

中井正清は慶長七年以来幕府の重要な建築工事のすべてに携わった日本を代表する建築家である。

日光山の宮地の縄張りはこの三人が担当したのであるからまさに最高の布陣であった。

それでは「東武実録」にある二十六日の天海による縄張りは何を意味するのであろうか。

天海が縄張りに携わったとする一次史料は見当たらないが、寛永二十年（一六四三）成立の「寛永諸家譜」藤堂家の記録にはこうある。

元和二年、高虎仰をうけたまはり日光山にいたり、大権現霊廟の地をえらび、大僧正天海と相儀し縄をはりて、その趣を言上しこれを築。高虎又私に一院を作。

東照社の造営予定地である現在の仁王門附近には中世以来の日光山の根本道場である常行・法

華堂があった。両堂を動かすには当時の日光山貫主であった天海の指示をうけなければできないことである。天海が何らかの形で縄張りに関与したことは確かであろう。

東武実録でいう二十六日とは縄張りでなく、これから始まる工事のために天海が確認するために来た日であったのかもしれない。

日光山東照社造営着手

秀忠の決裁をえた中井正清は、はやくも十月二十四日に御本社(本殿)、拝殿、水垣・本堂(本地堂)、御供所《ごくしょ》、御馬屋、御仮殿、同拝殿に使用する桧皮四七〇〇〆と、さわら木一万六〇〇〇丁を発注した。(「日光御宮作ひわた入用・さわら木之事　写」)

この発注書には建物名とそれぞれ使用する桧皮とさわら木の数が記されており、この文書の最後に注文者として正清の配下の者とみられるひわた左兵衛の名と十月二十四日の日付、そして受注者の喜多越後の名が記されている。以下中井家に伝わる文書から工事の進行状況を追ってみよう。

十月二十七日には今の陽明門に相当する楼門と廻廊に使う桧皮とさわら木が発注された。同じ日、中井正清名で、御宮の造営をあずかる村田権右衛門・本多藤四郎・山代宮内の三人に「日光御宮すへ石せり石之覚」を発注した。そこには据え石として、本宮・本堂・水垣・仮殿・廻廊・御供所・楼門・馬屋・鳥居ごとに石の数と寸法が記されている。石は日光山の現地で調達することからこのような指示を与えたのであろう。

以上の文書から元和三年三月までに完成しようとしていた建造物は、本殿と拝殿を合わせた本社、それを囲む水垣、薬師堂とも呼ばれる本地堂、御供所、廻廊・馬屋・拝殿を備えた御仮殿・楼門・鳥居の九つであったことがわかる。

また「元和三年三月　日光御作事、本社・同拝殿・本堂・水垣・かりとの、ほり物人数帳」には建物ごとに彫り物の種類とそれに関わった職人の人数が記されている。例えば本社の拝殿部分では「壱枚　御はい南面ノかへるまた（蟇股）し、にぼたん（獅子に牡丹）、弐拾四人、同南面ノかへるまたりゃう（龍）弐拾六人」とあり、本社拝殿の分だけでも合わせて四六一人、建物全体では三四六八人の職人が充てられた。

よく東照社の建物は白木であったという言葉を耳にするが、現在の東照宮には遠く及ばないものの、創建当時の東照社にもある程度の装飾が施されていたことはこの文書からわかる。

そのほか中井家に伝わる日光東照社の工事関係史料は「日光釘金物類入札書立」、「日光之道具好之覚」、「日光之道具之覚」、建物ごとに二人の担当者を記す「日光御普請付立之覚」、「日光御遷宮同本堂供養ニ付諸作事大工数之覚」、「たんぬり申候覚」、「日光普請大工衆日数高之覚」等がある。

工事着工

縄張りが終わり日光での造営開始の目鼻がついた頃、藤堂高虎は領国の伊勢国津（三重県津市）に帰った。帰るにあたり高虎は、江戸の留守居役村井宗兵衛に書状を渡した。

その内容は、日光御普請奉行の三人とよく相談してことを進めるように、また本多正純の弟下野国榎本領主の本多大隅守忠純の意見を聞くようにと前置きをしたうえで、私はお暇をいただき帰城することになった。しかれば国元より右京・源左衛門・九兵衛に添えて近江の石工専門集団「あのふ」こと穴太《あのお》衆を日光に送ることにした。十一月中には日光に着くであろうから兵糧などを買い置きしておくように、と伝えている。

さらに高虎は、我らはあくまで手伝いであり、石さえ集まれば人数は必要としない。度々申しているように日光領板橋の松平右近将監成重や壬生領の日根野織部正吉明両人が我らを手伝うことになっている。二人の領地は近いところにあり、人数はいくらでも出してくれると言っている。細かいことはあとの者に伝えておくので万事油断することのないように、と留意点をつけ加えた。この書状を出した日は十月二十九日、発信者である自分の名は和泉守を略していつみとした。身近な者には簡略な表現を使ったのであろう。

　尚々御普請奉行三人之衆と、よく心を合、相談可申候、又本多大隅殿とも可得御
　意候、以上

御暇被下、俄令帰城候、然者国本より、右京・源左衛門・九兵衛并弐人のあのふ相添、霜月中ニハ、日光へ相着候様ニ可遣候間、得其意、兵粮なと買よせ置可申候、（中略）、我等者ハ手伝迄ニ候間、石さえより候者、手間ハ入間敷候、度々如申候、松平将監殿・

日根野織部殿両人、我等手伝之内ニ而候、知行ちかく候条、人者何程も可被出候間、とかく能様ニ可申談候、委細者跡よりの者共ニ、念頃ニ可申遣候、万事油断有間敷者也、

十月廿九日　いつみ（御判）

村井宗兵衛殿

（村井宗兵衛蔵書）

造営工事が始まるのは高虎書状からみて十一月下旬の頃であろう。造営に協力したのは高虎のほか下野国の全大名・旗本と隣国の大名たちであった。「日光造営録」、「日光山旧記」、「寛政重修諸家譜」やその他諸史料から、造営に参加した大名旗本名を拾い上げると次のようになる。

日光山東照社造営　奉行・御手伝等一覧

総奉行　本多上野介正純（下野国小山三万三〇〇〇石）

副奉行　日根野織部正吉明（下野国壬生一万五〇〇〇石）

奉　行　本多藤四郎正盛（旗本三〇〇〇石）、山代宮内少輔忠久、糟谷新三郎、日下部豊八、小倉忠右衛門正次、村田権右衛門

大　工　中井大和守正清（一〇〇〇石）

御手伝　藤堂和泉守高虎（伊勢国津二七万三九〇〇石）

〃　榊原式部大輔忠次（上野国館林一〇万石）
〃　松平丹波守康長（上野国高崎五万石）
〃　浅野采女正長重（常陸国真壁五万石）
〃　秋田伊豆守俊季（常陸国宍戸五万石）
〃　水谷伊勢守勝隆（常陸国下館三万二〇〇〇石）
〃　小笠原左衛門佐政信（下総国古河二万石）
〃　奥平九八郎（下野国宇都宮一〇万石）
〃　松平右近将監成重（下野国板橋一万石）
〃　本多大隅守忠純（下野国榎本二万八〇〇〇石）
〃　北条出羽守氏重（下野国冨田一万石）
〃　福原淡路守資盛（下野国都賀のうち四五〇〇石）
〃　堀美作守親良（下野国真岡一万二〇〇〇石）
〃　細川玄蕃守興元（下野国茂木一万石）
〃　千保帯刀資勝（下野国大谷津八八〇石）
〃　岡本宮内義保（下野国塩谷三八六〇石）
〃　成田左馬介重長（下野国烏山三万七〇〇〇石）
〃　千保大和守義定（下野国千保三三七〇石）

〃　大田原備前守晴清（下野国大田原一万二四〇〇石）
〃　大田原出雲守増清（下野国森田千五〇〇石）
〃　大関右衛門佐高増（下野国黒羽二万石）
〃　那須與市資景　（下野国福原一万四〇〇〇石）
〃　伊王野豊後守資友（下野国伊王野一八〇〇石）
〃　芦野民部少輔資泰（下野国芦野二七〇〇石）
〃　松下石見守重綱　（下野国那須郡のうち、石高不詳）
〃　安倍四郎右衛門正之（旗本、石高不詳、材木運送に関わる）

東照社造営開始

東照社造営の進行状況を示した史料は残されていない。推測ではあるが、まず御宮敷地内にあった常行・法華堂等諸施設を取り除くことに始まり、続いて本社・本地堂を建てる敷地の周りに日光附近から採取した石で石垣を積み、さらに敷地内に盛り土をして整地することが最初の作業であったと考えられる。高虎書状にみられるように各大名・旗本から動員された人足たちの多くは主にこれら整地・石垣積み作業に従事したと思われる。

作業開始は高虎書状から十一月下旬頃とすると、現在の暦で十二月末から一月にあたる。標高が高い日光での作業はまさに厳寒期を迎えようとしていた。

東武実録に「来年ノ夏四月以前ニ御廟社造畢アルヘキノ由、仰出サル、ニ依テ、昼夜怠タラス造営ノ事ヲ勤ム」とあるように造営作業は昼夜兼行で行われたのであった。

これ以降の造営作業は十二月十五日付で中井正清が板倉勝重に宛てた書状によってある程度わかる。

書状には十二月十五日以前に御宮地の地曳の儀（地鎮祭か）が済んだこと、これは宮地の整地が完了したことを意味する。また御仮殿の造営始めの儀と居礎が来年の正月十六日、さらに立柱（建前か）は正月二十八日に行われる予定であった。

なお日程が変わることがあれば仰せられるようにとつけ加えている。これは京都所司代の板倉勝重と朝廷との間での日程調整のためであろう。現場と板倉勝重、勝重と朝廷との間で綿密な日程調整が行われたのであった。

御一書令拝見候

一、御宮地曳之儀はや相済申候事

一、日光ニ仮造初吉日之儀来正月十六日ニ仕候事

一、居礎来正月十六日ニ仕候事

一、立柱吉日来正月廿八日ニ仕候事

一、上棟の儀（以下予定する日取りが書いてあるが、この条の最後に四月三日か九日で

どうか勝重に具申している）恐惶謹言、
極月十五日
板倉伊賀守様
猶々、相替儀候者重而可被仰越候、以上
（「中井家文書」）

朝廷からの宣旨

朝廷から下された各種の宣旨からも造営の進行状況を確認することができる。

宣旨とは天皇の勅が太政官に伝えられ、太政官の命を受けて弁官局の書記官ともいえる事務局が作成した文書をいう。日光山東照社に関わる宣旨はすべて「日次記」を書いた左大史小槻孝亮の手によるもので、日光東照社に発給された宣旨の数は三〇通にものぼった。

この発給数からみても朝廷が東照社遷宮にいかに深く関わっていたかということがうかがわれる。

元和二年（一六一六）十二月三日、初めて御仮殿造営始めの宣旨が下された。この宣旨は吉日である三つの日時が選択肢として指定された。このうちどれをとるかは実施者に任せられており、現場では中井正清書状にある正月十六日を選択したようである。

左辨官下、下野国

應任日時、東照社被造始於仮殿事
十二月廿七日、甲子、時卯
正月　十六日、壬午、時卯
二月　三日、己亥、時辰
右権大納言藤原朝臣資胤宣、奉勅、宜任日時令勤行者、社宜承知、依宣行之、
元和二年十二月三日　　大史小槻宿禰判奉
右大辨藤原朝臣判

翌元和三年（一六一七）に入ると、基礎を据える意味の居礎、立柱の日時に関する宣旨が発給された。また二月三日には上棟の日時が示された。

左辨官下
應任日時、令勤行当社上棟日時之事
四月　二日、丙甲、時未
同　六日、庚子、時未
右権大納言藤原朝臣経頼宣、奉勅、宜任日時令勤行者、社宜承知、依宣行之、
元和三年二月三日　　中務大輔兼左大史小槻宿禰判奉

右大辨藤原朝臣判

そして元和三年二月二十一日、神号東照大権現の宣旨が発給された。同じ日、東照大権現の宣命文も作成された。指定された日時は四月九日の酉の刻（午後六時）、または四月十四日の酉戌刻（午後六時〜八時頃）である。

左辨官下

應任日時、令勤行神號為下野国東照大権現日時之事

四月　九日、癸卯、時酉、

同　十四日、戌申、時酉戌、

権大納言藤原朝臣公廣宣、奉勅、宜任日時令勤行者、社宜承知、依宣行之、

元和三年二月廿一日　　左大史小槻宿禰判奉

左中辨藤原朝臣判

三月三日、正遷宮の日時が四月十七日の戌亥刻（午後八時〜一〇時頃）と定められた。正遷宮日は前述のようにすでに前年の十月に決まっていたことであり複数の日時が示されることはなかった。

左辨官下、下野国東照社
応任日時、令勤行當社正遷宮日時之事
四月十七日、辛亥、時戌亥、
右内大臣藤原朝臣宣、奉勅、宜任日時令勤行者、社宜承知、依宣行之、
元和三年三月三日
左大史小槻宿禰判奉
右大辨藤原朝臣判

続いて三月六日には奉幣日時、九日には神位日時の宣旨が発給された。同日、日光東照社に対して正一位が与えられた。

(神位日時)
左辨官下、下野国東照社
應任日時、令勤行當社神位之日時之事
四月十八日、壬子、時卯、
同　廿六日、庚申、時申酉
右権大納言藤原朝臣定熙宣、奉勅、宜任日時令勤行者、社宜承知、依宣行之、
元和三年三月九日
左大史小槻宿禰判奉

右大辨藤原朝臣判
（神位の位記）
東照社
　　右可正一位
中務、施至化而調和、登俊良而佐祚、高徳在大社、尊崇弥万春、専傾精誠、用護邦域、
可精誠、可依前件、主者施行、
　　　元和三年三月九日
　　　　　二　品　行　中　務　卿　邦　房　親　王　宣
　　　　　従四位下行中務大輔兼左大史臣小槻宿禰孝輔　奉
　　　　　中務少輔　従五位上　臣　安倍朝臣泰重　　行（以下略）
（「東照宮文書」）

最後に三月十七日付の薬師堂供養・開眼供養日時の宣旨が発給された。

改葬

東照社造営が予定どおり進むなか三月十五日に久能山から家康の柩が運び出され、四月四日に日光山に到着した。家康の遺言にはなかった行為である。

天海は家康の柩を日光に移送するため三月十五日以前の四・五日前に駿府に到着して改葬の準

備をすすめた。土井利勝も家康の柩に寄り添うため、三月十一日に江戸を出発し、駿府に向かった。

「東武実録」は家康の柩が運び出された十五日の久能山の様子を次のように記している。天海は久能山の御廟から自ら鋤鍬をもって掘り出した。これは藤原鎌足の例にもみられることであり、本多正純らもこれに従った、というのである。

この旧例とは「多武峰縁起」にある大職冠の藤原鎌足が最初に葬られた摂津の国の阿威山（阿武山古墳・現在の大阪府高槻市）から鎌足の長子定恵によって大和の多武峰（現在の奈良県桜井市談山神社）に移されたことを指す。

しかし東武実録は前述したように二次史料であり、全面的に信用することはできない。

　三月十五日、大権現ヲ駿州（駿河国）久能山ヨリ野州（下野国）日光山ニ改メ葬ル。是神君ノ御遺命ニ依テナリ。是日寅ノ刻、天海大僧正・本多上野介正純・土井大炊頭利勝・松平右衛門大夫正久・板倉内膳正重昌・秋元但馬守泰朝等三百余騎ヲ従エ、雑兵千人駿州久能山ニ登る。天海僧正手ツカラ鋤鍬ヲ取ル。是大職冠（藤原鎌足）葬リヲ改ムル旧例也。本多上野介正純（中略）等是ニ従フ。

この改葬の根本史料とされているのが朝廷を代表して改葬に同行した烏丸大納言光広卿の記録

「日光山紀行」である。ただし「泰重卿記」によれば光広卿は元和三年三月八日と四月十一日の禁中月次和歌会に出席しているので光広卿はこの間の間隙をぬって久能山に赴いて改葬に同行したようである。改葬の後半部分は誰かに後事を託したのであろう。

徳川御実紀はこの紀行文を引用しており、また東武実録もその内容は紀行文とほぼ一致している。両史料とも編さんにあたりこの紀行文を底本として使われた節がみうけられる。

よって本書はこの紀行文を一次史料とみなして紹介する。紀行文は三月十五日の久能山出発から始まる。

最初の一節は、家康の尊体《そんたい》（遺骸）を日光山に移すことつまり改葬は大職冠（藤原鎌足）を阿威山から多武峰へ藤原鎌足の息子定恵和尚が移した例があり、また遷宮については伊勢神宮と宇佐八幡宮・石清水八幡宮の例をあげている。

前述したが、天海が権現号奏請のとき、孝亮に遷宮に関する旧記の閲覧を依頼し、閲覧したのが宇佐宮（宇佐八幡宮）・八幡宮（石清水八幡宮）における遷宮・造営日時決定にかかわる旧記であった。

抑《そもそ》も元和十余三の年（元和三年のこと）、尊体を日光山へうつし奉らるゝ事は、大職冠《たいしょくかん》を摂津国阿威山《あいやま》より多武峰《とうのみね》に、定恵《じょうえ》和尚のわたし申されけるためしなり。これ御ぞうのいやつぎにおはします故なるべし。天照御神《あまてらすおんかみ》も後にぞ倭姫命《やまとひめのみこと》五十鈴の河上には鎮

座有りける。男山（石清水八幡宮）の御神をば、行教宇佐宮より彼の和尚の三の衣にやどらせ給ふ。（中略）

久能山から日光へ

次の一節には家康の神体が金輿に載せられ、天海が先導して行進する様子を記している。現在毎年春秋に開催されているきらびやかな渡御祭の千人行列は、この改葬時の行列を再現したものといわれている。神輿が向かう御旅所もその表れであろう。

扨《さて》神体は金輿《きんよ》に奉る。大僧正は御先にぞおはす。次に山門の碩学《せきがく》、東国の学者、ありふる限り参り集まる。魏々《ぎゝ》蜀錦《しょくきん》を綴り、呉綾を着る。眼を輝かし耳を驚かさずと云ふ事なし。御所（秀忠）の御名代には土井大炊頭利勝朝臣、松平右衛門佐正久、板倉内膳正重昌、秋元但馬守泰朝等也。騎馬の行粧《ぎょうそう》唐鞍《からくら》うつし。馬副《うまぞえ》布衣《ほい》の士《さむらい》・雑色《ぞうしき》に至るまで各綺羅《きら》を盡《つく》させたり。御旅所《おたびしょ》は此方彼方《こなたかなた》新しく造り営まりしもあり。

さらに行列が現在の静岡市清水区の江尻町から清見寺を通過すると向かいに三保の松原が見渡せた。慣れ親しんだ駿府の久能山からゆっくり離れていく切ない様を詠み、家康を神輿にたとえてときどき止まった、とするあたりは和歌に精通した烏丸光広ならではの表現であろう。この日の宿泊地は富士山麓の善徳寺であった。

道は江尻より清見を通らせ給ふに、向ひに三保の松原蒼《あお》やかに見渡されてゆく〳〵と久能を隔《へだ》たりぬれば、霞ぞ春はと涙は禁《と》まらねど、神輿は折々止まる。（以下略）

以下仙波までの記述を省略し行程のみを掲載する。

十五日　久能山（静岡県静岡市）発　善徳寺（静岡県富士市）着　一泊
十六日　善徳寺発　三島（静岡県三島市）着　二泊
十八日　三島発　小田原（神奈川県小田原市）着　二泊
二十日　小田原発　中原（神奈川県平塚市）着　一泊
二十一日　中原発　府中（東京都府中市）着　二泊
二十三日　府中発　仙波（埼玉県川越市）着　四泊

二十三日に仙波に到着した。仙波には天海住持の喜多院があり神輿は仙波大堂に安置され、ここに二十六日まで逗留した。ここでは天海による供養が営まれた。

廿三日は、山の端知らぬ武蔵野居に分入らせ給ふ。（中略）けふは仙波大堂に止まらせ給ふて、同じき廿六日までおはします。（中略）是れにて論題を致されけるは、一生入滅覚となん。問答重難善盡し美つくせり。御證義は固より大僧正、殊更に明智巨海を照し、辨舌懸河を流せり。即故初後不二と判ぜられたれば、道理成しぬ。限りなき御功徳にも有かな。

この辺で紀行文の著者烏丸光広は仙波を発って京に帰ったようである。光広は四月十一日に開かれた禁中月次和歌会に出席しているので、この推測は成り立つであろう。

そのため二十七日から二十八日にかけての紀行文の記述に乱れが生じてしまった。

翌《あく》る日（二十七日）は館林を御中宿《なかやど》りにて佐野に着かせ給ふ。

館林から佐野までの距離は七・五キロメートルほどしかなく一日の距離としては短すぎる。中宿りとは途中で宿ることであり、館林は休憩地でもあったのだろう。

後世の史料ではあるが、「東武実録」と「徳川御実紀」は二十七日の宿泊地を忍としている。東武実録は「同二十七日、霊柩忍ニ到ル」とし、御実紀は次のように記している。

廿七日　霊柩仙波を出まし、忍につかせ給ふ。今宵曼荼羅供行はる。
（御年譜、東武実録、紀年録）

佐野からはまた通常の記述に戻る。光広の後任者が新たに行列に加わりこれ以降の紀行文を担当したと思われる。仙波から最終地日光までは行程のみを掲載する。

二十七日　仙波発　　忍（埼玉県行田市）着　一泊
二十八日　忍発　　佐野（栃木県佐野市）着　一泊
二十九日　佐野発　　鹿沼（栃木県鹿沼市）着　四泊
四月四日　鹿沼発　　日光（栃木県日光市）着

紀行文の最後の一節は四月四日に日光山の座禅院に到着した、仏誕生日つまり釈迦の誕生日である四月八日に柩が御廟に納められた、遷御つまり遷宮は十六日に行われることになったとの話があったことを記した。

（四月）四日には、日光山座禅院に着かせ奉り給ふ。（中略）かくて仏誕生日に御廟塔に御定座《じょうざ》あり。扨《さて》十六日に新造の御社に遷御《せんぎょ》成し奉らんと議定ありけるとぞ。

こうして三月十五日に久能山を出発した家康の柩は多くの人に守られ、四月八日に無事日光山の御廟に納められた。ここで注目されるのが四月八日までは断定の表現を使っているのに対し、十六日は、とぞ、とあるように伝聞にもとづいた表現を使っていることである。

光広の後任者は八日まで日光山にいたが、この時点で日光山を去ったとみることができる。この後任者は日光を去るにあたり、遷宮の日取りを四月十六日と聞いたか、あるいは聞き違えたのであろう。

徳川御実紀の誤り

この文をそのまま引用した東武実録や徳川御実紀は十六日を正遷宮の日とした。そのため東武実録は十七日を本社の法会とし、徳川御実紀は現在の千人行列にあたる小祥のお祭りがあり、このお祭りは永制と定められた、とした。御実紀の（　）内は引用史料である。

東武実録（四月）

十六日　神ヲ仮ノ殿ヨリ正殿エ遷シ奉ル

十七日　本社ニ於テ法会アリ、衛門佐、御太刀吉良左兵衛督、御劔酒井下総守、御裾永井信濃守是ヲ役ス

徳川御実紀

十六日夜　神位を仮殿より本社に移し奉り。大僧正天海密法を修す。御追号の宣命使中御門宰相尚長卿宣命をよむ。（以下略）

（東武実録、紀年録、慈眼行状、日光雑録、憲教類典）

十七日　御宮にて小祥の御祭あり。御束帯にて詣給う。（中略）御祭は巳刻を以て始行はる。その行列（以下現在の千人行列にあたる行列の様子を記す）是よりこの式を以て永制と定らる。

（東武実録、寛永系図、家譜、創業記、貞享書上、元和日記、元寛日記）

これまで述べてきたように前年の十月時点で正遷宮日は翌年の四月十七日と決まっており、宣旨でも遷宮日を十七日としている。また第五章で述べるが正遷宮は十七日に行われたことは確実である。東武実録や徳川御実紀の記述は明らかな誤りであると指摘せざるをえない。

比較的信頼度が高いとされる宝暦三年（一七五三）成立の「日光山旧記」や一次史料を使って編さんした「東照宮史」は正遷宮日を次の通り十七日としている。

元和三年丁巳四月十七日　正遷宮。（以下略）

（「日光山旧記」）

元和三年四月四日の未刻といふに、日光山座禅院に着御あり、同じき八日を以て、霊柩を奥院の廟塔に歛葬し奉りました。ついで十四日に御神霊を仮殿に移し奉り、宣命使中御門宰相宣衡卿は東照大権現の神号の宣命を捧げられました。越えて十七日、荘厳なる正遷宮の儀式が行はれ宣命使阿野宰相実顕卿、奉幣使清閑寺宰相共房卿等多くの公卿が参列して正一位の神位の位記を進められ、翌日神前で法事がありました。（以下略）

（「東照宮史」）

ところがこれ以降に編さんされた地元の「日光市史」や「いまいち市史」は御実紀の記述をそのまま信用して正遷宮日を十六日としてしまった。正史とされる御実紀であるからこそ迷うことなくそのまま引用したのであろう。

しかし嘉永二年（一八四九）に完成した徳川御実紀の編纂者は以下述べる公家の記録「日野大納言資勝卿記抄」や「日次記」を収集できなかった。

そのため御実紀は朝廷との権現号の折衝や宣旨の発給等について一切触れることができず、また肝心の日光山の記述にも誤りが多い。

外国人が記した改葬の記録

現在に伝わる改葬の一次史料はこの「日光山紀行」だけでなく、外国人も記録を残していた。

それは一六一八年にイエズス会がローマの総長に送った公式報告書「日本耶蘇会年報」の一節

である。次の文は東京帝国大学が翻訳して「大日本史料」に掲載したものであるが、そのまま紹介する。文中に五月に遺骨が移されたとあるが、陽暦によるもので誤りではない。

内府（家康）は一六一六年死し、多くの注意と命令を其子将軍（秀忠）に遺しゝことは、昨年通信せし如し。右命令の一は、死したる父君を、江戸の休廷を距ること三日程なる上野の国（下野国の誤り）の日光山と云う非情に高き山の頂に埋葬することとなりき。同所には又ゴウゲン（権現）という神の偶像を祀れる社あるがため、此地に到る者甚だ多し。将軍は父君のため、非常に壮麗なる社を此山に建てしめ、去る五月、父君の命を果すべく、極めて華麗に其遺骨を彼所に移さしめ、啻《ただ》に日本国中の主なる坊主の群が殆んど残らず之に参與せしのみならず、公家と云う朝廷の大官にして、通常葬儀に與らず、唯神社の奉獻に臨む者も亦之に参加せり。（「大日本史料」元和三年四月十七日条）

この耶蘇会年報はカトリック布教の実態と当時の日本を知るのに不可欠の史料とされている。この書簡には一部下野と上野を取り違えるという間違いがあるが、家康の遺骨が久能山から日光山に移されたことは国内在住のカトリック教徒までもが知っていたことを表している。

家康の遺骸が元和三年四月に日光山に移されたことは、一次史料である二つの内外史料によって裏付けできる。

顧みればこの日光山への改葬は家康の遺言には含まれていなかった行為である。この遺言の方向転換は天海の異議申し立てに始まり将軍秀忠が天海の主張する権現号を了解した時点で決定したといえよう。

家康の遺言では「一周忌も過ぎたら日光山に小さな堂を立て勧請しなさい」とあるにもかかわらず、勅使が江戸城に下向して権現号勅許を伝えられると、秀忠は一周忌を待たずに日光東照社への正遷宮日を翌年の四月十七日と定め、日光東照社の造営を急がせた。

これも秀忠自身の決断によりもたらされた東照大権現を早期に実現させたかったからであろう。そして神仏集合体としての東照大権現を祀るためには、どうしても家康と東照大権現とを一体化させる必要があり家康の遺骸を久能山から日光山に移したと考えられる。

江戸時代を通じて日光東照社には一六回もの将軍社参があり、天海・家光の遺骸も遺言により東照社傍の大黒山に葬られた。また正保二年（一六四五）には東照社に宮号が宣下され日光東照宮と呼ばれるようになり、同四年（一六四七）からは毎年朝廷から例幣使が派遣されるようになった。これも日光山に家康の遺骸が葬られているからこそのことであろう。

江戸時代を通じて日光東照宮が繁栄するようになるのは、天海の意見具申もあるが、将軍秀忠の方向転換がもたらしたものといえる。

第五章　日光東照社遷宮

元和二年（一六一六）十一月下旬に始まった日光東照社の造営は、翌元和三年三月末にほぼ完成した。わずか四か月余りで完成したことになる。しかも標高が高い日光での厳寒期の工事はさぞ困難をきわめたことであろう。

四月に入ると上棟式が行われた。二月三日に発給された宣旨での実施日は四月二日か六日であるが、これに関する史料は残されておらず実施日は不明である。

日光山に向かう将軍・公家たち

久能山から家康の神輿が日光山に向かっていた頃、多くの公家衆が日光山に向かって京を出発した。

三月十七日に薬師堂供養の宣旨を書き上げた小槻孝亮は他の公卿に先だって三月二十三日に京を発ち、四月六日に江戸に着いた。宿所は秀忠が手配してくれた材木町の作右衛門方である。江戸に二日間滞在し、八日に江戸を発って十日に宇都宮に着いた。ところが、翌十一日に昨夜来の雨が大風雨に変わり、やむをえず宇都宮に逗留することになった。

この大風雨は後続する公家衆や将軍秀忠を悩ますことになる。孝亮は四月十二日に宇都宮を発って日光山に到着した。

三月二十四日、土御門久脩・冷泉中納言為満・藤谷少将為賢・西洞院宰相時慶・平松侍従時庸・倉橋・清蔵人賢忠・唐橋民部少輔在村の八人が出発し、二十五日には武家伝奏の広橋大納言兼勝と三条西大納言実条・柳原頭左中辨茂光・広橋頭辨兼賢・竹屋左少辨光長・東坊城少納言長維の六人が出発した。（「泰重卿記」）

三月二十七日には「日野大納言資勝卿記抄《すけかつきょうきしょう》」（以下「記抄」という）を著した日野大納言資勝が出発した。これが公家衆最後の出発である。

資勝は出発前に薬師堂供養の着座を仰せ付けられていた。記抄は京を出発するところから始まり、日光山での祭事・法事の模様、江戸城での饗応などを丁寧に描写し、京に帰ったところで完結する。日記には日々の天候やできごとが詳細に記されており、日光山で行われた行事を知るには日次記と並んで必須の史料といえる。

資勝に同行したのは藤右衛門佐永慶・水無瀬少将兼俊・北畠少将親顕の総勢四人、これに地下役人一〇人が添えられた。

資勝一行は四月十日に江戸に到着し品川で宿札を受け、尼崎屋に宿をとった。翌十一日、資勝は風雨のなか江戸城に登城して秀忠に謁見した。

翌十二日、資勝一行は江戸を出発し日光山に向かうが、午前十時頃から大風が吹き、天候は荒れ模様となってきた。越谷で昼の休みをとっていた頃、将軍秀忠が岩槻に入ったとの知らせが入った。一行はその夜春日部に泊まった。

翌十三日は悪天候のなか栗橋に向かったが、午前十時頃幸手の船着き場で先行していた広橋大納言らに出会った。ここには見張り番が置かれ公家衆以外は誰も渡すなとのお触れがあったようで、公家衆は三度四度に分けて渡った。

資勝一行は明日の渡りを覚悟して小屋で休んでいたが、突然舟が来て無事渡ることができた。宿所の栗橋に着いたのは午後四時を回った頃であった。

十四日は栗橋を出て午後二時頃小山に着き天台宗興法寺に泊まった。十五日は小山を発って宇都宮で昼の休みをとり上徳次郎に泊まった。

四月十六日、午前五時頃上徳次郎を出発した一行は昼の休みを「イマ市」でとった。これが現在の日光市今市を記す初見史料である。その日のうちに資勝一行は日光に到着し、一行に用意されていた西谷の橋本坊を宿所とした。

資勝が日光山に着いて間もなく先着していた広橋大納言から秀忠到着との知らせがあり資勝ら公家衆はそろって秀忠を出迎えた。その晩、秀忠の宿所に出向き謁見した。

崇伝、秀忠の供で日光へ

金地院崇伝は前年の十月二十八日に江戸を離れ、十一月十日に京都南禅寺に到着、以来南禅寺で悶々とした日々を送っていた。

しかし、筆まめな崇伝は相変わらず諸侯との交信を続けていた。相手は板倉勝重をはじめ細川忠興、藤堂高虎、土井利勝、本多正純、安藤重信、江戸の知足院、喜多院、織田信長の弟織田有楽斎らである。現在の有楽町はこの有楽が語源とされるが、附近に当時の織田有楽斎の屋敷があった場所で、その頃有楽斎は茶の湯に親しんでいたという。

ところが、翌年の二月十一日に崇伝のもとに林永喜から一通の書状が届いた。届けたのは兄の林道春である。書状の内容は将軍秀忠が尋ねたいことがあるので急ぎ下向せよとの命であった。崇伝は二月二十日に南禅寺を発って三月四日に江戸に着き、翌五日に秀忠に謁見した。

崇伝は秀忠から呼び出されたのがよほど嬉しかったのか、この頃になると元気を取り戻したようである。崇伝は秀忠とともに日光に行きたいと言い出した。しかし行けるかどうかは土井利勝の指図次第と板倉勝重に伝えている。

三月十七日、江戸城から書状が届き、秀忠からお供として仕えるようとの嬉しい知らせが届いた。四月三日、徳川義直・頼宣・頼房の三兄弟がそろって江戸に到着したので崇伝は芝まで出迎えた。

七日には振る舞いがあり将軍秀忠の江戸出発は十二日、三兄弟の出発は十三日との報告があった。その後、頼房の出発は見合わされ、代わりに故結城秀康の次男松平伊與（忠昌、信濃国松代海津城主）が派遣されることになった。将軍秀忠と世子家光が同行しないように三兄弟にも同様の危機管理上の配慮がなされたのであろう。崇伝は一足早く十日に江戸を発ち、十三日に日光に到着した。

将軍秀忠、江戸出発

将軍秀忠は四月十二日に江戸を出発し、十六日に日光に着いた。これは「記抄」や「国師日記」の記述から明らかである。しかし、その間の行程を記す一次史料は見当たらず、徳川御実紀に頼るほかない。

御実紀によれば、十二日に江戸を出発した秀忠は高力忠房の岩槻城に泊まり、十三日は連日の大風雨により栗橋に架かっていた橋が流失したため岩槻城に逗留し、十四日には小笠原政信の古河城、十五日は奥平九八郎の宇都宮城へと進み、十六日に日光に到着した。

仮殿遷宮と宣命（十四日）

秀忠や資勝らが日光に到着する前の四月十四日、天海大僧正出席のもとで仮殿遷宮と上棟式が執行され仮殿に神霊が遷された。

場所は御仮殿の南廊に敷いた畳、西側に座った神号宣命使中御門宰相宣衡が東側に座っていた天海に二月二十一日付後水尾天皇の東照大権現宣命文を渡した。ここに家康の神号東照大権現が成立したのである。

続いて同じ場所で神号宣命使参向の宣旨が孝亮より天海に渡され、それと引き替えに孝亮は砂金二包みを受け取った。広橋・三条西両伝奏もこの席に出席していた。二人は烏帽子直垂、奉行は装束姿であった。仮殿遷宮が開始された時間は記されていないが、宣旨にあるように午後六時から八時の頃であろう。両伝奏は十三日の午前十時頃に幸手の船着き場で資勝と出会っているので、この仮殿遷宮・宣命授与にかろうじて間に合ったようである。

四月十四日、雨降、参南光坊大僧正、仮殿遷宮上棟、神号宣命使　中御門宰相宣衡、取宣命被渡大僧正、其所南廊敷畳為座、南光坊大僧正東面、中御門西面、相対着之、被渡宣命也、次神号宣命使参向ノ宣旨、以上予（孝亮）相渡南光坊、其所如宣命時、砂金二包引替テ賜之、両伝奏烏帽子直垂、奉行装束也、

（「日次記」）

（後水尾天皇宣命文）

天皇我詔旨良万止、故柳営大相国源朝臣爾詔倍止勅命乎聞食止宣、振威風於異邦之外比、施寛仁於率土之間須、行善敦而徳顕留身既没而名存勢利、崇其霊氏、東関乃奥域爾、大宮柱廣敷立氏、吉日良辰乎擇定氏、東照乃大権現止上給比治賜布、此状乎平介久安介久聞食氏、霊験新爾、天皇朝廷乎實位無動久、常磐堅磐爾、夜守日守爾護幸給比氏、天下昇平爾、海内静謐爾、護恤賜倍土、恐美恐美毛申賜者久止申、

元和三年二月廿一日

（「東照宮文書」）

正遷宮《しょうせんぐう》（十七日）

四月十七日、前日までの悪天候が嘘のように晴れ渡った。これも家康の御神徳の表れであろう

か。この晴天は二十日の午前中まで続く。

旧暦の元和三年四月十七日は現在の暦で五月二十一日にあたり、日光地方はまさに新緑の季節を迎えていた。ちなみに松尾芭蕉が日光に来て「あらたふと青葉若葉の日の光」を詠んだ元禄二年四月一日は現在の五月十九日にあたる。

資勝はこの朝、用意された三の膳を食べ、昼食は吸い物と酒というようにゆったりとした時間を過ごした。秀忠も同様で冠の針のことで藤右衛門佐永慶に資勝のところへ取りに行かせるなどくつろいだ様子であった。

晩の午後八時頃、仮殿から完成したばかりの本社に神霊を遷す正遷宮が執行された。宣旨どおりの開始時刻である。着座したのは伝奏の広橋大納言兼勝と三条西大納言実条、冷泉中納言為満、西園寺中納言公益、西洞院宰相時慶、奉行の広橋頭辨兼賢、宣命使の阿野宰相実顕、奉幣使の清閑寺宰相共房の八人である。正遷宮の神事はすべて勅使によって執行された。のちに勅会とよばれるのもそのためである。将軍秀忠は施主とはいえ、神事や法会は勅使や天海ら僧侶が主体となって行われたのである。

四月十七日　晴、今日戌刻ニシャウセン宮也。（中略）公方様御冠ノ針之事、藤右ヨリ、唯心申候由にて、取ニ来候。一ッ進上仕候、将軍様御座所申来候。（中略）今日戌刻ニセン宮也。着座広橋大納言、三條西大納言、冷泉中納言、西園寺中納言、西洞院宰

相、奉行頭辨、兼賢朝臣、宣命使阿野宰相、奉弊使清閑寺宰相。（「記抄」）

神位の位記（十八日）

正遷宮に引き続き、本社において十八日早朝の午前四時頃から大内記持参の東照社に正一位を与える神位の位記と神馬三匹が奉納された。終わったのは午前六時頃であり神事はすべて終了した。これも宣旨にある卯刻に収まっている。

晩寅刻ニ、神位ノ位記大内記持参、神馬三疋、卯刻ニ右相済申候也。（「記抄」）

本社奉幣（十八日）

宣旨では神位の位記に引き続き卯刻から奉幣の儀が行われる予定であったが、休息をとる必要があったのか、開始時刻を遅らせることになった。

奉幣の開始前に秀忠と両伝奏が広間にいたとき、僧に布施を与える公卿が一人足りないので伝奏が秀忠に伺いを立て、資勝が急きょ着座することになった。

午前十一時頃、将軍秀忠が土井利勝や藤堂高虎ら、お供の者一〇人を伴い本社拝殿に入り続いて秀忠弟の徳川義直・頼宣両名と、秀忠甥の松平忠昌が順次入った。

その後、広橋大納言・三条西大納言・日野大納言が入った。最後に入ったのは世話役の雑色《ぞうしき》一

○人である。
この奉幣の儀こそ将軍家主体の祭儀であり秀忠の出番でもあった。秀忠は遷宮なった神前において一揖《ゆう》（笏《しゃく》をとり上体を少し前に折って敬意を表すこと）し、合わせて秀忠側近の大沢少将基宿が御幣を持ち一振り振って神前に捧げた。次いで義直、頼宣、忠昌がそれに続いた。奉幣の儀が終わると秀忠は本社を去り東照大権現の本地仏である薬師堂に向かった。


四月十八日　晴、今日公方様、東照権現へ御奉幣也。昵近之衆束帯ニテナカニテ御供也。廣橋大、拙子ノ所ニテ装束有之。冷泉中納言も同前。拙子ハ藤右へ参候。拙子衣文ハ藤右、又藤右之衣文ハ拙子仕候。藤右御供申、将軍様御座所へ参候。越前宰相殿弟伊與殿（忠昌）装束被遊候所へ参ル。藤右衣文拙子前ヲ仕候。ソレ過テ、将軍様御広間ニ、伝奏衆一所ニ、皆々居申候所ニ、布施引公卿一人タリ不申候て、伝奏被伺御意、拙子ニ俄ニ着座被仰出候。奥ヨリ御酒出申候て、二盃頂キ候。

四ツ半時将軍様御成之御供之次第、随身十人御ナカへ、二番ニナコヤノ宰相様（義直）、三番ニ駿河宰相様（頼宣）、四番ニ伊與殿、廣橋大納言、三條西大納言、資勝、雑色十人、青侍十人、布衣二人、笠持一人、ナカへノカキテ八人也。冷泉中納言、頭辨、頭左中辨、土御門、藤右衛門佐、烏辨、昵懇之御供、右此分也。

将軍様於神前御奉幣、神前ノ御座ニテ一揖、ソノ時大澤少将御弊ヲ神前ニ持来、一フリフリテウチカケテ神前ニマイル。ソノ後、宰相殿、中将様、伊與殿同前ニ被遊候、其後将軍様薬師堂ニ御成也。（「記抄」）

本社供養（十八日）

秀忠が去ったあと、本社では御経供養の法事が行われた。まず廣橋大納言と三条西大納言・日野大納言・広橋頭辨兼賢ら勅使四人が着座し、続いて導師をつとめる南光坊天海大僧正が着座、その後同じく導師をつとめるもう一人の僧正、さらに六〇人もの僧侶が列席した。

資勝は本社供養の光景を描いて記抄に挿入した。これが本社法会指図である。拝殿の東側は勅使四人の席、西側は導師二人、中央は六〇人の僧侶を表している。

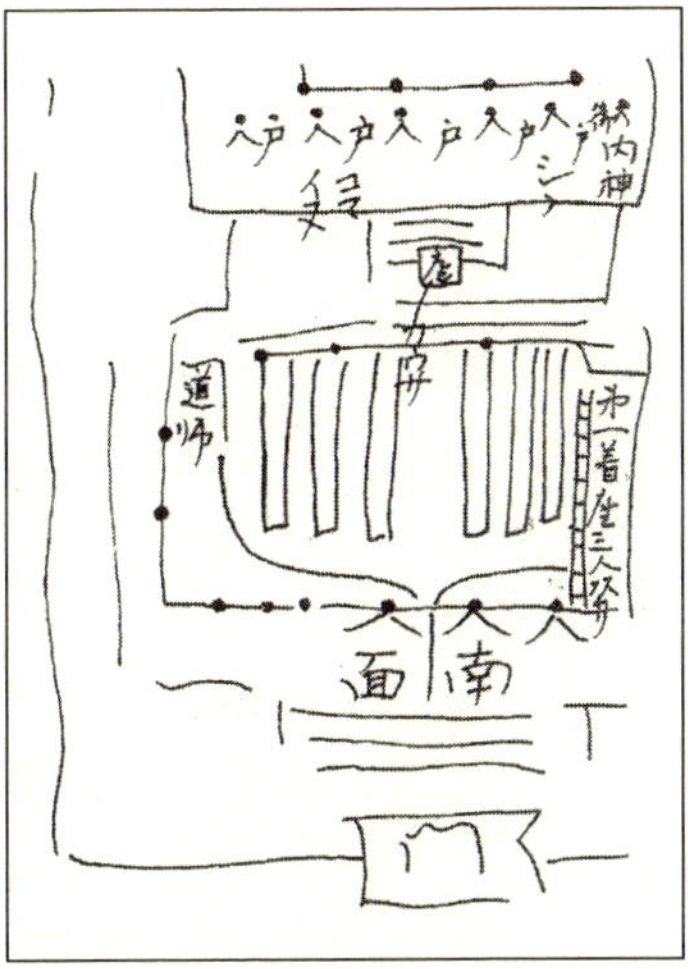

本社法会指図

南面の拝殿と本殿の間の一段下がったところにあるのが石の間である。この拝殿・石の間・本殿の建築形式はのちに権現造りとよばれるようになる。

天海は神前の高座に上り御経供養を行った。その後舞が数回舞われ法事は終了した。法事が終わると三人の大納言が導師天海の労に報いて唐織等の被物《ひもつ》を渡し、もう一人の僧正には殿上人、余りは諸大夫衆が被物を与えた。

その後僧正以下の僧が席を立ち、続いて導師の天海、最後に着座の勅使が席を立った。「日次記」から殿上人は平松侍従時庸、諸大夫は綾小路少将高有・壬生極﨟忠利・清蔵人賢忠・唐橋民部少輔秀才であったことがわかる。

資勝は法事の最後に本社本殿の内陣《ないじん》（図では内神）に触れ、左が摩多羅神《またらしん》で日光山の鎮守、中が東照大権現、右が日吉社《ひえしゃ》（日吉大社）、勧請して三社なりと記した。

菅原信海氏によれば、この祀り方こそ天海が築き上げた「山王一実神道」を表しているという。なお、東照大権現の本地仏は薬師如来、日吉社（山王権現）は釈迦如来、摩多羅神は阿弥陀如来である。天海が主張し、秀忠が認めた神仏習合の思想はここに形となって現れたのである。

しかし明治時代に入ると神仏分離政策のもと、新政府から祭神名の変更が迫られ、右が豊臣秀吉、左が源頼朝となった。源頼朝は家紋を使わず、目印は源氏の白旗であり、豊臣秀吉の家紋は周知のとおり「五三の桐」や「五七の桐」とよばれる桐を主題とする紋章を用いた。

現在東照宮の神輿舎《しんよしゃ》には三基の二代目神輿が納められている。中央の神輿には東照大権現の葵、右の神輿には比叡山の守護神である日吉大社の巴、そして左の神輿には日光山の鎮守である摩多羅神の抱茗荷《だきみょうが》の紋章が施されている。寛永十三年に作製された初代の御輿は現在日光東照宮の宝物館に保管されているが、それ以来、豊臣秀吉や源頼朝の紋章を使うことなく元和当時の三神を示す紋章が今日まで引き継がれてきた。元和創建時代の秀忠や天海の神仏習合の考え方が、神仏分離という荒波を乗り越えて現在に至っているといっても過言ではないだろう。

（四月十八日条に続く）ソノ後御神前ニテシカノ法事アリ、先著座広橋大納言、三條西大納言、資勝、頭辨モ座下着也、奉行其後、導師南光坊大僧正座ニツク、其後カウ衆ノ僧座ニツク、導師ノ外僧正一人アリ、僧六十人、導師神前ノカウサニノホル、ケコ僧正両人ハ、殿上人平松、樋口也。ソノ餘は、諸大夫衆ケ籠ヲトル。インミヤウヤマトアリ。其後マイ三ツカイアリ。法事終テ、導師へ廣橋大納言ヒ物ヲ引、カラヲリ　一カサ子。三條西大納言、資勝モ同前ニ導師ニ被物ヲ引。六位蔵人取次、僧正へハ殿上人ヌイハクヒ物ヲ引。餘ハ諸大夫衆被物ヲ引、ミナ白アヤ也。其後僧正以下立座、着座ノ衆座ヲ立。下﨟ヨリ、左マタラ神、日光山ノチンシュ、中東照大権現、右日吉社クワンシャウにて三社ナリ。

伝奏両人、導師皆々堂（本地堂）へ参て、則将軍様還御也。御供衆同前。其後又社参にて奉幣、廣橋、三條、予、冷泉、頭辨、頭左中辨、藤右衛門佐、烏丸辨也。御馬太刀也。神前御馬太刀ホウ納にて、後幣ヲ社師持来、先座ノイウ、其後幣ヲトル。両段再拝領。社師ニ幣ヲ渡。其後一揖メ立座ヲ、皆同前。其後退出。（以下略）　（「記抄」）

本地堂（薬師堂）供養、開眼供養（十九日）

資勝は午前八時頃、藤右衛門佐の宿所にて束帯を整え、薬師堂北の休息所に出向き、そこから薬師堂に入って着座した。将軍秀忠は本社への参詣を済ませたのであろうか、薬師堂で行われている供養を見物していた。

供養は天海が導師となり、證誠《しょうじょう》は天台座主の梶井宮最胤、呪願《じゅがん》は正覚院豪海が唱え、大行道《ぎょうどう》となった。法事も終わり主僧が帰ると、秀忠は仏前にお参りして一拝してから宿所に帰った。薬師堂の供養を終えた広橋・三条西・日野の三大納言と冷泉中納言は、家康の柩が納められている御廟に参詣した。本社や薬師堂のあるところから「二三も上がるなり」とあるから二〜三町も登るという意味であろう。今の奥社を指していることは明らかである。

四月十九日　晴、辰刻ニ東帯、藤右宿所にて、ソレヨリ出仕申候。薬師堂ノ北ノ方ニ休息所アリ、ソレヨリ着座申候。将軍様ハ東照ノ社ニテ御見物アリ。御イクワン、證誠梶井宮、呪願正覚院、導師南光大僧正、大行道アリ。法事終、被物ヲ被引。梶井宮へ三重、ヲリモノ、カラヲリ、ヌイハク、予三度ニコレヲヒク。薬師ノ前ニソンキョ、高座ト仏タントノ間ヲトヲル也。導師ノ前冷泉中納言、呪願ノ前四辻宰相、イマ一人ノ僧正ニハ殿上人、ヨハ諸大夫衆コレヲヒク。皆シタカサ子アリ。シュ僧カヘリ終テ、将軍様仏前ニ御マイリ有テ一拝アリ。ソレヨリ還御アリ。廣橋大納言、冷泉中納言、三條大納言、予、東照ノ御廟へ参詣、山上二三モアカル也、ソレヨリ退出。（以下略）（「記抄」）

この日、十四日の仮遷宮以来役目のなかった孝亮に出番が回ってきた。久しぶりに「日次記」は字数が多くなり、資勝の記抄には書かれていない記事も出てくる。将軍秀忠が本社の社頭から見物していたことは同じであるが、十九日の供養は薬師堂の供養と開眼供養が行われたこと、勅使の着座は日野大納言、冷泉中納言、四辻宰相季維の三人で、ほかに広橋頭辨兼賢、東坊城少納言長維、大外記師生朝臣、それと孝亮自身が出席したことがわかる。孝亮はこのとき自分の役目である東照社日時宣旨一五通を天海に渡した。

十九日　晴、薬師堂供養開眼供養有之、大樹（秀忠）於権現社頭有御見物、供養着座三人、日野大納言資勝、冷泉中納言為満、四辻宰相中将、政官頭右大辨兼賢朝臣、少納言坊城長維、大外記師生朝臣、左大史孝亮、　就堂供養、奉行頭辨仰行赦事、予五機七道宣旨、五機内、東山・北陸・山陰・山陽・南海、太宰府等諸国、七通調之、検非違使ニ下之、副使宗岡行、　殺生禁制宣旨下五機七道、七通、於庭上下検非違使、東照社日時宣旨十五通、南光坊ニ相渡之、持参之宣旨七通、合廿二通、堂供養又三通有之、廿五通、俄被仰赦事之間、三關宣旨代三通用白紙也、重而自京都可書進、（「日次記」）

本地堂棟札

元禄元年（一六八八）九月、元禄大修理の大工頭をつとめた鈴木長兵衛長頼が東照宮の破損箇所を見分していたとき、中の御蔵（現在の中神庫）から元和三年創建当時の本地堂の棟札を発見した。左は鈴木長頼が彼の日記に書き留めておいたものである。

聖主天中天　征夷大将軍源左大臣秀忠公　御奉行　本多上野介藤原朝臣正純

迦陵頻迦声　并日光月光四天王

奉建立東照大権現本地医王善逝　一宇所

哀愍衆生者　十二神将御神造

我等今敬礼　寺務山門深題大僧正天海　御大工　中井大和守橘朝臣正清

元和三年丁巳四月十七日正遷宮同十九日供養證誠梶井宮天台座主二品親王最胤

呪願山門権僧正正覚院豪海　導師大僧正天海

（「鈴木修理日記」元禄元年九月十二日条棟札）

一行目には秀忠公と奉行本多正純の名があり、三行目には本地名、五行目には寺務天海大僧正と大工頭の中井正清名、そして最後の六・七行目には正遷宮日四月十七日、本地堂供養日四月十九日、證誠梶井宮最胤、呪願正覚院豪海、導師天海大僧正とある。これまで述べてきた日野大納言資勝の日記「記抄」と完全に一致しており、両史料の正確性が改めて確認できる。なお、本地堂の棟札が何故中神庫に残されていたかは第六章で詳しく述べる。

徳川家の正史である「東武実録」と「御実紀」はこの日を奥の院供養日としている。

東武実録　十九日、奥ノ院　廟堂供養

御実紀　十九日、奥院　御廟塔供養あり

この誤りの理由は最初に述べたように二つの正史の編さん時に、これら一次史料がえられなかったと解すべきであろう。

奥の院に多宝塔が完成し、供養が行われるのは元和八年（一六二二）まで待たなければならない。

崇伝の見た日光東照社

崇伝は十三日に日光に到着したが、日々の日記はつけておらず、江戸に帰った二十二日になって日光山で見た様子を板倉勝重宛の書状にこう記した。

秀忠は十二日に江戸を発ち十六日に日光に着いた。

自分はお先に十日に江戸を発って日光には十三日に着いた。日光では十四日より十九日まで御神事・御法事があり、秀忠は十八・十九日の両日に社参した。

崇伝はその後東照社の景観に触れ、「綺麗に美しく造り飾られた構えは、まったく申し分ない。その見事さは驚くばかりだ」と評している。この崇伝の記事が今に伝わる唯一の日光東照社景観評である。

そして崇伝は勝重への称賛の言葉を忘れなかった。「このように出来上がったのは、遠国の京都にいながら急速なる仰せ付けにもかかわらず諸道具等を用立てた勝重一人の才覚によるものであり、比類ないお手柄である」と称賛した。

一、(前略) 公方様当月十二日に江戸を被為立、日光へ十六日に被成御着座候。拙老式儀、十日に御先へ江戸罷立、日光へ十三日に参着仕候。十四日より十九日迄之御神事御法事、十八日十九日両日は公方様御社参、諸侯公家之出仕、化儀無残所候。社頭御造営以下、綺羅をみがきたる結構、中　可申様無之候。所から見事さ驚目迄に候。第一諸道具以下、種々様々之事共、急速に被仰付、出来之儀、遠国彼是貴様一人之御才覚、御手柄無比類儀、奇特千萬ニ存候。公方様、廿日に日光を被為立候、今日廿二日、江戸へ被成還御候。拙老式、十九日之晩に日光を罷立、御先へ今日廿二日、昼以前に江戸へ罷着候。(以下略) 恐惶謹言。

卯月廿二日　　金地院

板伊州様人々御中

(「国師日記」)

将軍・公家衆下山

将軍秀忠は二十日に日光を出発し、二十二日の晩、江戸に帰った。崇伝は往復とも露払い役を演じるかのように十九日の晩に日光を発って、秀忠の到着日と同じ二十二日の昼前に江戸に到着した。

四月二十日、日野大納言資勝一行は滝尾へ出向く予定であったが、秀忠出立の知らせが入ったのか、急に帰ることになり日光を出発した。この日は日光から四里ばかり離れた壬生通りの板橋（日光市板橋）に泊まった。板橋の宿は東照社造営のために造られた街道沿いに建てた急ごしらえの建物であったろうから京から来た公家衆が、不便で掘っ建て造りであったと評したのも無理はない。

四月二十日　晴、未刻ヨリ雨降。今朝ハ広橋殿ヨリ滝尾へ御出可有由被申候得共、俄ニ昼立ニ御帰可有やにて御用申候。今夜板橋ニ一宿、近頃不便ナル宿也、土タチ也。

（「記抄」）

その後、資勝一行は小山・高野・越谷に泊まり、二十四日に江戸に到着した。二十九日は江戸城本丸において公家衆を招いての接待饗応を受け、五月六日に江戸を出発、十八日に京に帰った。三月二十七日に京を発ってから五十一日間の長旅であった。ここで「記抄」は完結する。

一方、小槻孝亮は将軍秀忠や公家衆が四月二十日に日光を発つのを見届け、この日は日光に留まった。この日、日光山では初間郭公があったと記している。これは東武実録にある二十日から二十二日までの法華読誦を指すのであろう。孝亮が日光を発ったのはその翌日の二十一日であった。

四月廿日、晴、大樹（秀忠）自日光山御帰国、晩両伝奏自日光山発足、今日初聞郭公、廿一日、雨降、今日出日光山宿壬生也、（以下略）（以上「日次記」）

四月二十日、此日ヨリ二十二日ニ至テ法華読誦一万部、衆僧三千五百口、（「東武実録」）

その後、孝亮は二十五日に江戸に着き、二十九日には資勝同様江戸城で饗応を受け、五月五日に江戸を発って同十六日に京に到着した。

東照社造営の恩賞

将軍秀忠は五月に入ると東照社造営の功労者である藤堂高虎と天海に恩賞を与えた。

高虎には伊勢国田丸において五万石を加増した（「親筆留書」）。これで高虎の石高は旧領と合わせて三二万三九〇〇石となった。

天海には東照大権現領として近隣の一七か村、五〇〇〇石が与えられた。秀忠の判物が出されるのは元和六年三月十五日のことであるが、実際に寄進が行われたのは元和三年五月であったことを伝記は記している。

（元和三年）五月、寄附東照大権現社領五千石于日光山、御朱印者元和六年三月十六日
且又社領五千石之外、今市・草久・久加之三村、當日光山衆僧社家門前之地子、

（「東叡開山慈眼大師伝記」）

大権現領として寄進された一七か村はこれまで下野国板橋に本拠を置く一万石の松平成重の領地であった。幕府は元和三年八月十二日付で成重に三河国西尾城（愛知県西尾市）二万石への転《てん》封《ぽう》を命じている。成重は前述のごとく大坂夏の陣に出兵して功をあげ、また東照社造営にも協力した。この功績が認められ一万石加増となったのであろう。

急度申入候、仍三州西尾之城、貴殿ニ被下候、城付知行、弐万石御拝領ニ候間、其御心得ニ而、早御上御仕置等可被仰付候、恐々謹言

八月十二日

安藤対馬守（重信花押）

土井大炊助（利勝花押）

板倉伊賀守（勝重花押）

本多上野介（正純花押）

松平将監殿（右近将監成重）

人々御中　　　　　　　　　　（「松平成重宛老中奉書」）

これまでの松平成重所領一万石のうち半分の五〇〇〇石が東照大権現領として寄進され、残りの半分は結城山川に入った水野忠元と宇都宮の奥平九八郎の領地に分割された。

東照大権現領一七か村寄進の判物が発給されるのはそれから二年余りのちの元和六年（一六二〇）三月十五日のことであった。これに付随して一七か村の目録が安藤重信・土井利勝・本多正純・酒井忠世の連署で三月十六日に発給された。

東照大権現社領寄進

東照大権現下野国日光山社領事

都合五千石　目録在別紙

右件之所々拾七箇村奉寄進之訖、殊者就于　東照大権現勧請、当山衆僧・社家門前屋地子等悉令免許之各宜承知、并永代可令停止検断使、若於背国法輩出来者、可為各別者也者、守此旨仏法興隆厳密可被沙汰之状如件、

元和六年三月十五日　　　　（秀忠）御書判

天海大僧正御坊　　　　　　　　（「日光山御判物之写」）

「別紙目録」

東照大権現下野国日光山御神領

目　録

一六百五拾弐石八斗七升　湯西村・栗山村
一三百石八斗八升　小百村
一五百九拾七石八斗三升　所野村
一弐百九拾四石壱斗六升八合　瀬尾村
一百八拾石七斗壱升　瀬河（川）村
一百九拾石七斗弐升　山窪（久保）村
一百五拾八石　平ヶ崎村
一百四拾石壱斗六升　千本木村
一四拾三石四斗壱升　下之内村
一百三拾弐石三斗三升　室末（瀬）村
一七拾五石七斗四升　吉沢村
一三百拾石壱斗三合　小代村
一弐百六拾五石三斗弐合　明神村
一六百九拾四石六斗弐升　長畠（畑）村
一八百七拾石七斗七升六合　小来川村

一九拾弐石四斗七升壱合　　　小倉村之内

以上

都合五千石

右所々拾七箇村事所被成寄進也、早被任今月十五日　御判之旨可有全社納、然て東照大権現就于当山御勧請、一山之衆僧、社家門前、初石各屋敷地子銭等御免許之訖者、神事・社役不可有怠慢之旨依　仰執達如件、

元和六年三月十六日　　　　書判

対馬守（安藤重信）

大炊助（土井利勝）

上野介（本多正純）

雅楽頭（酒井忠世）

天海大僧正御坊

雑掌

（内閣文庫蔵「日光山　御宮方書物之写」）

事実が先行し遅れて正式な判物が発給される日光山の例は、ほかにも明暦元年（一六五五）の四代将軍家綱が日光山の尊敬法親王に発給した寄進状、元禄十四年（一七〇一）に幕府老中が連署で下した日光領目録などにもみられる。

慈眼大師伝記でいう元和三年五月の大権現領寄進の記述は信用してよいだろう。

第六章　日光元和東照社の再現

本稿でいう元和東照社とは二代将軍秀忠が造営した日光東照宮創建当時の建造物をいう。秀忠は元和九年（一六二三）七月に将軍職を譲り、寛永九年（一六三二）一月二十四日、五十四歳で死去し、芝増上寺に葬られた。諡号は台徳院。

現在見る絢爛豪華な日光東照宮は三代将軍家光によって寛永十一年（一六三四）十一月から同十三年四月にかけて行われた大造替の結果、絢爛豪華に生まれ変わったものである。

それでは創建当時の元和東照社はどのような姿であったのか、以下その姿に迫ってみよう。

大工頭の交代

中井正清は日光東照社の造営が一段落すると、造営途中にあった久能山東照宮の方に力を注いだ。久能山東照宮も日光山に遅れること八か月、十一月に完成し、十二月十七日に正遷宮が営まれた。現在の久能山東照宮の「本殿、石の間、拝殿」は創建当時のまま残っており、平成二十二年に国宝に指定された。

また正清は日光東照社造営中の元和三年二月から将軍が常時参拝できるよう江戸城内の紅葉山

にも東照社の造営を始めた。この紅葉山東照宮は翌元和四年に完成し、四月十七日に正遷宮が営まれた。これが正清最後の作となり、それから間もない元和五年（一六一九）正月二十一日、近江国水口において五五歳で死去した。

正清の死後、中井家は関東の作事から撤退するが、その後も京都大工頭の家系は継続し、明治を迎えている。本書で紹介した中井家文書はすべて中井家子孫所蔵のものである。

正清に代わって日光山の大工頭となったのが徳川家譜代の御大工鈴木長次である。当時同じ譜代の御大工には木原義久がいたが、まだ四歳であったため日光山内の作事は長次が一手に引き受けた。

元和創建時の日光東照社

現在の日光東照宮からは創建当時の東照社をイメージすることができない。

創建当時の日光東照社を描いた絵が現在に残るのは狩野探幽が描いた寛永十六年完成の「東照社縁起仮名本」（以下「仮名縁起」という）と、作者不明の彩色画「日光山古図写」（以下「古図」という）のみである。本書ではこれらをカラー口絵として掲載する。

これまで二人の建築工学博士がこの二つの絵図を使って元和造営の東照社の景観に迫り、日光東照宮発行の「大日光」に論文を寄せた。

一人は当時千葉大学助教授の大河直躬氏で前述した日野大納言資勝の日記「記抄」を加えて東照社全体の建造物について数回にわたって寄稿した。もう一人の名古屋大学教授内藤晶氏はさら

久能山東照宮本社（国宝、右手前は本地堂）

に中井正清文書を取り入れ元和創建時の景観に言及した。
本稿は二人の専門家の研究成果を踏まえ、二人が言及していない部分は筆者の見解を加え、以下古図に描かれている日光山内の主要建造物を解説する。

仮名縁起

仮名縁起にある1図は元和創建時の東照社を描いている。中央にあるのが本社で権現造り、屋根は檜皮葺《ひわだぶき》、軸部は総朱塗りである。本社の周囲には水垣（瑞籬とも、透塀《すきべい》に相当）が廻っており、本社の右側には突出している御供所が見える。その先は屋根が一段落ちて水垣につながっている。本社正面の水垣の間にある門が唐門に相当し、いずれも朱塗りで屋根は檜皮葺である。右手前に上層部のみ見えるのが楼門《ろうもん》で、その側面に廻廊が接続する。軸部は総朱塗り、屋根は檜皮葺、連子窓の格子のみ緑青塗りで描かれている。左手上には奥の院宝塔の上層部が見える。檜皮葺の木造多宝塔で軸部は朱塗りである。

この場面について大河氏は、探幽が仮名縁起を描き出した頃には元和創建の建物は奥の院を除いてすべて一新されており、たとえ探幽が元和の建物を記憶していたとしても、実際の描写にあたっては相当の変型があることを考慮しなければならない。甘くみてもこの場面で参考にできるのは本社が石の間造りで、その周囲に透塀、唐門、廻廊、楼門があったことぐらいで、それも確

1図　東照社仮名縁起（本社御勧請・国重文　日光東照宮宝物館蔵）

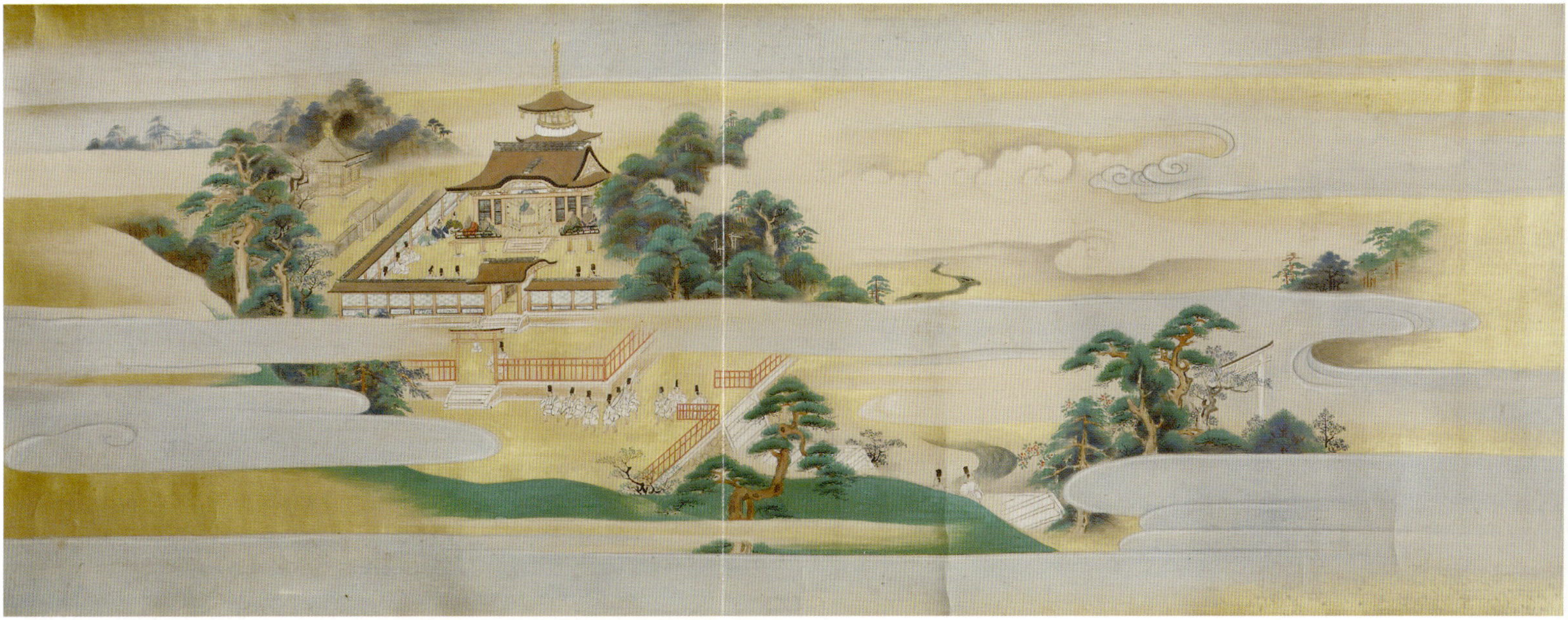

2図　東照社仮名縁起（奥の院・国重文　日光東照宮宝物館蔵）

日光山古図（日光東照宮文庫蔵）

かな事実でなく参考資料程度にとどめておくべきであろう、と専門家としての厳しい立場でこう説明している。

しかし、以下述べる古図にはみられない御供所が描かれており、また今は見られない檜皮葺の屋根が見えるなど、文字だけでは不可能な当時の姿をイメージするには恰好な絵図といえよう。

2図は奥の院の光景を描いたものである。ここにある奥の院は元和八年に完成したもので、仮名縁起が描かれた頃にはまだ存在していた。また古図ともよく似ており、信用できる絵図といってよいだろう。

この図には奥に木造多宝塔、その前には拝殿があり、周りには透塀、唐門が見える。多宝塔の左側に板葺、宝形の建物があるが、これは寛永二年に天海が建てた骨堂のようである。

後述する古図には骨堂の周りに家臣の墓碑が見えるが、ここには描かれていない。これらの石塔は寛永十三年の東照社大造替の折に奥の院下に降ろされたようであり、仮名縁起が描かれた頃には存在していなかった。この描写からしても奥の院図の信憑性が確かめられる。

なお1図の多宝塔は朱塗りであったが、この図は白木になっている。また拝殿は世良田東照宮の拝殿に似ている。この二つの建物については次に詳述する。

古図に見る中井正清作の建造物

一方、寛永初年頃の作とされる「日光山古図」は、元和期における日光山内全体の景観を概観することができる。

中井正清が関わった建造物は前述したように、本社、それを囲む水垣、本地堂、御供所、廻廊、楼門、鳥居、馬屋、そして御仮殿の九つであった。

①本　社

図の中心に水垣に囲まれたような大きな建物が一つ見える。建物の形は権現造りに描かれていないがこれが①本社である。

この図からは本社の姿をイメージすることはできない。しかし東照社縁起と前述二三一ページに示した「本社法会指図」からある程度は想定することができる。

本社の規模について大河氏は現在の日光東照宮本社と同程度とし、内藤氏は蟇股の数から久能山東照宮の本社と同程度、と見解が分かれている。いずれにしても久能山本社とは勝るとも劣らないものであったろう。

なお、久能山東照宮の本社は同じ中井正清の手によるものであり、元和創建当時の日光東照社本社の傍証になる。

②水垣（透塀）

「指図」を見ると拝殿の前方に門があり、そこから左右に延びる線が描かれている。仮名縁起にも拝殿の前方に門と左右に延びる構築物が見られるが、この門は現在の唐門に、左右に延びる線と構築物は水垣つまり現在の透塀に相当する。

③本地堂（薬師堂）

本地堂は「記抄」「日次記」ともに「秀忠東照社から見物」とあり、本社から見物できる位置にあった。現在の本社の東南方の回廊内の広場には上社務所と神楽殿があるが、ここに本地堂を西正面にして入れるとちょうど納まる広さである。寛永の造替のときにここが手狭になったのか、本地堂は現在の回廊外の一段下がった左手に移され、東正面にして造営された。

現在の久能山東照宮も古図同様の位置に本地堂が建っていることも傍証になる。

④御供所

古図に御供所は見えないが、大河氏は御供廊がとりつく妥当な位置は久能山でも現在の東照宮でも見られるように石の間の東側であったと指摘している。仮名縁起にも同様の位置に御供所が描かれている。

⑤廻　廊　⑥楼　門

本社と本地堂を囲むように描かれているのが廻廊であり、その中央正面にあるのが楼門である。楼門は現在の陽明門に相当し、陽明門と同じ位置にあった。

⑦鳥　居

古図に二つの鳥居が見えるが、手前のものは石鳥居、楼門の前の石段下にあるのが中井正清作の鳥居である。この鳥居の位置は現在の陽明門前の銅鳥居と同じ場所にあったとみられる。

⑧馬屋（厩）

古図にある形状から馬屋を識別することはできない。輪蔵の位置との関係から石鳥居の左上に見える小建築物を馬屋としておく。

⑨御仮殿

これまで御仮殿の形状や位置に関して論述されることはなかった。古図からその姿が見いだせないからである。以下、私見により推察する。

まず、御仮殿の位置であるが、元禄四年成立の「日光山本房并惣徒旧跡之記」に「元和三年四月十四日ノ夜、神霊ヲ仮殿ニ遷シ奉ル、光明院ノ屋敷ニ仮殿ヲ立、」とあり、宝暦三年（一七五三）成立の「日光山旧記」にも「元和三年四月十四日、神霊ヲ仮殿ニ奉移。御仮殿、光明院寺内ニ建立」とある。光明院跡に建てられたとみてよいであろう。

光明院の旧跡が確認できるのは現在の輪王寺護摩堂の参道側にある光明院稲荷社だけである。創建当時の御仮殿はこの附近にあったはずである。

光明院屋敷あるいは光明院寺内とは慶長十八年（一六一三）に天海が日光山の貫主になったとき入院の儀式を行ったとされる場所で、中世期に親王家や鎌倉公方の一族が住職をつとめた寺院跡である。

慶長十八年ニ天海大僧正座主ニ補セラレ、同年十月御登山アリ、此時光明院ハ旧跡ハカリナル故ニ、座禅院ヲ天海大僧正ノ宿房トシテ御入院ノ儀式アリ、

（「日光山本房并惣徒旧跡之記」）

中井正清作の御仮殿が古図に見えないことは、古図が描かれた頃にはすでに光明院跡からこの御仮殿が撤去されてしまった可能性が浮上してくる。

内藤氏は「大日光三八」のなかで、「仮殿の分で二枚の蟇股デザインが松に鷹である。現在世良田東照宮拝殿は元和度の奥社拝殿の遺構であるが、この蟇股との主題と数が一致する。(中略)仮殿の二枚の蟇股デザインが符合するは、元和三年時の仮殿拝殿をのち奥社拝殿となし、さらに世良田へ移建したの推測も可能になる」と提起した。

要約すると、中井正清が手がけた御仮殿と世良田の拝殿の蟇股は主題の松に鷹のデザインが一致しており、元和三年に完成した東照社の御仮殿は、その後奥の院の整備に伴い奥の院に移築され、続いて寛永十八年の奥の院再整備の際に解体されて世良田に移されたのではないか、というのである。

確かに中井家に残る元和三年の御仮殿の彫り物に関する覚書を見ると、松に鷹の文字が見える。数多い蟇股のなかで松に鷹の主題があるのは御仮殿だけである。

「日光御作事ほり物人数之覚」
かりとの(仮殿)分
一三拾人　かへるまた　弐枚

「日光御作事本社・同拝殿・本堂・水垣・かりとの　ほり物人数帳」

かりとのふん

一壱枚　南面ノかへるまた　拾三人

まつニたか

一壱枚　かたふたノかへるまた　八人

まつニツ（たヵ）か

世良田東照宮拝殿（国重文）

世良田東照宮拝殿の蟇股の裏には「日光より被下也、午ノ六月」の墨書銘文が発見され、世良田の拝殿はこの銘文から寛永十九年（一六四二）六月に日光から世良田の長楽寺に下されたことが明らかになった。しかしこれだけではこの拝殿が中井正清作の拝殿であることを証明することにはならない。何故なら奥の院が整備されたのは元和八年であり、そのときの大工頭は鈴木長次であったからである。

そこで筆者は群馬県太田市の世良田に赴き、拝殿の前面と裏面にある二枚の蟇股を写真に収めた。確かに二枚とも松に鷹であり、覚書に一致していた。

次に奥の院にあった拝殿にも蟇股があったかどうかである。決め手となったのが東照社縁起②図にある奥の院の拝殿図である。この拝殿部分を拡大してみると前面入口の上部に主題こそ確認できないが、確かに蟇股が施されていたことがわかる。さらにこの縁起の拝殿図には前面に六本の柱が見える。

縁起図奥の院拝殿に描かれている蟇股の存在と六本の柱は現在の世良田の拝殿と一致していることが確認できる。

世良田東照宮拝殿前面の蟇股

以上まとめてみると、ア、古図の光明院跡にあるはずの御仮殿が描かれていない。イ、元和三年中井正清覚書にある二枚の松に鷹の蟇股は現在の世良田東照宮拝殿の二枚の蟇股に一致している。ウ、奥の院拝殿の前面には蟇股が施されてあった。エ、世良田東照宮の拝殿は寛永十九年に日光から移されたものである、ということになる。

これだけの条件がそろえば、元和三年に中井正清によって造営された御仮殿の拝殿は元和七年から八年にかけて行われた奥の院整備の際に奥の院に移築され、続く寛永十八年に行われた奥の院の再整備に伴い、寛永十九年六月に世良田長楽寺に移されたという今から四四年前に内藤氏が提起した推測は正しかったといってよいだろう。

世良田東照宮拝殿背面の蟇股

御仮殿が撤去された後、光明院跡はしばらくそのままであった。古図に御仮殿が描かれていないのもそのためである。

寛永十一年から同十三年にかけて行われた寛永の大造替の際、この光明院跡に新たな御仮殿が造営された。元和東照社から御神体を御仮殿に移す仮遷宮（外《げ》遷宮とも）を行うためである。

その後、寛永十五年（一六三八）正月に町屋より出火し、座禅院と将軍御殿が焼失してしまった。このため建てたばかりの御仮殿を同十六年（一六三九）に光明院地内から将軍御殿焼失跡の現在地に引き移したという。これが現在の御仮殿である。

寛永十五戊寅年正月廿七日、馬町弥陀堂ノ辺、町屋ヨリ出火、西町善養寺谷焼失、同座禅院同御殿焼失、光明院ノ寺内ニ立置カル丶御仮殿ヲ、同十六年御殿焼失ノ跡ヱ被引之。今ノ御仮殿是也。（「旧記」）

正遷宮以降の元和建造物

以下は大工頭鈴木近江守長次の時代の建造物である。

⑩三神庫

古図の廻廊右手下に三つの建物が見える。これが三神庫で現在の配置と同じである。

現在は左から上神庫、中神庫、下神庫と呼ばれているが、寛永造替時には左から御宝蔵、中御蔵、東御蔵、元禄の大修理時にはそれぞれ上之御蔵、中之御蔵、下之御蔵とよばれていた。

これまで中神庫の棟木に元和五年九月の刻銘が残っていることから元和五年創建当時の旧材を利用して大造替時に建てられたと推定されていた。

ところが、平成十五年から十八年にかけて行われてきた修理のなかで校木《あぜぎ》の内側に別の成分の塗りがあることが発見された。

中神庫（国重文）

日光社寺文化保存会は寛永御造営帳の塗装に関する記事と比較検討し、中神庫は棟木に刻された銘文どおり、元和五年の創建と断定して良いのではないか。寛永造替期に新しく校木を取り付けて改造を加え、塗装も変更したと想定すれば、寛永御造営帳の記述と一致する。寛永造替で軸部胴回りに校木を張り付けて正倉院を思わせる校倉造り風に改造した、と結論づけた。（「大日光八〇号　東照宮中神庫修理概要報告」）

前述した本地堂創建時の棟札が中神庫に存在したのは、中神庫が造替後も唯一残された建物であったからこそそのことであろう。

こう解釈すると、中井正清作の本地堂はその棟札を中神庫に残し、元和五年に完成した鈴木長次作の中神庫は寛永造替時に周りを校木で覆ってその姿を内に残したといえる。残念ながら本地堂の棟札は現在行方不明である。

これまで日光東照宮内には元和創建時の遺構が残っていないといわれてきたが、秀忠造営の元和創建中神庫が今でもその姿を内に隠し私たちの前にその姿を見せていることがわかった今、何故か私は安堵感を覚える。

⑪経蔵（輪蔵）

廻廊の左手下にあるのが現在の配置に対応する経蔵とみられる建物である。大河氏は建物が周囲に塀をめぐらしている点は、経蔵にふさわしいとしているが、確証はない。

現在の経蔵の中央にあたる回転式の書架の軸木に元和六年十一月の銘文があるが、書架部分のみを残して建て替えられたようである。

⑫水盤舎（御水舎）

中神庫の裏に小さな箱形のものが描かれている。この描き方からみて水盤舎を表しているといってよいであろう。現在の御水舎にある水盤の裏面には寄進者鍋島勝茂、寄進日元和四年四月十七日と刻されている。

この水盤舎の寄進者である鍋島勝茂について触れた論文は見当たらないが、石鳥居を奉納した黒田長政との関係を述べておかなければならない。

鍋島勝茂は慶長五年の関ヶ原の戦いの際、はじめは西軍に味方して伏見城や伊勢国安濃津城・松坂城攻めに参陣した。しかし西軍の敗北が決まったあと、黒田長政・井伊直政の斡旋で徳川家康に謝罪し、西軍側に属した筑後国柳河城主立花宗茂討伐に功をあげて本領肥前国（佐賀県）三五万七〇〇〇石を安堵された。

前述したようにこの年、黒田長政は肥前国の隣の筑前国（福岡県）に転封となった。黒田長政が石鳥居を採取した親山（可也山）は筑前国の西方の肥前国寄りにある。黒田長政と深い関係にあった鍋島勝茂が長政と同時期に水盤を奉納したことは、石の採取や輸送方法等、長政の協力をえて日光山に運んだ可能性が高いとみてよいだろう。

勝茂寄進の水盤は寛永造替時に現在地に移され、今でも御水舎として使われている。

黒田長政寄進の石鳥居（国重文）

⑬石鳥居

石鳥居は関ヶ原合戦で活躍した黒田長政が奉納した。石鳥居奉納については一次史料ではないが、黒田家の正史とされ、石鳥居奉納を記した数ある文献のなかでも最も古い時期に成立した「黒田家譜」に掲載されている。

黒田家譜は黒田家臣の貝原篤信（晩年は益軒と称す）が、寛文十一年（一六七一）に黒田家から編さんを任され、一七年かけて貞享四年（一六八七）に完成した。

長政日光山に鳥居を建立し奉らん為、筑前国志摩郡親山《おやま》にて大石を撰び、鳥居に作らせ、大船にのせて南海を廻らし、武州隅田川より川舟に移し、栗橋まで利根川にのぼせ、古賀（古河）より陸地をやり、宇都宮を通りて日光山に着。九月十七日御廟前に立らる。鳥居の高さ敷石より笠石まで二丈八尺九寸、（中略、各部寸法を記す）鳥居に額あり。額の長さ四尺七寸、横二尺六寸七分あり。柱の銘には、元和四年四月十七日としるせり。西国よりはるかなる海陸をしのぎて、大石を多くはこび来たり、寄進し給ふこと、誠にあつき志なり。石は永久に伝はる物なれば、万世までも御廟と共に朽せざるべし。長政家臣竹森清左衛門貞幸に命じ、筑前より日光山に遣はして、其事をつかさどらしむ。

（「黒田家譜」）

石鳥居が現在地に実際に建てられたのは正遷宮から間もない家康月命日の元和三年九月十七日であった。柱の銘には家譜にあるように家康の命日である元和四年四月十七日と記した。日光山内に残る元和建造物のなかで明らかに最古のものとわかるのがこの石鳥居と水盤舎であり、永久に伝わる物として今後もその勇姿を見せてくれるであろう。

なお現在石鳥居に掲げられている東照大権現の額は、元和七年に後水尾天皇から賜った御宸筆の勅額である。

元和七年十一月三日、幕府下野東照社ノ石鳥居ニ勅額ヲ賜ハランコトヲ請フ、仍リテ、宸翰ヲ染メ給ハントシ、是日、是ヲ曼珠院良恕親王ニ諮リ給フ、

（「日次記」）

⑭参道両側の建物の変遷

大造替が始まる寛永十一年までの間に東照社参道の両側の建物に大きな変化があった。日光山に残された史料「日光山旧記」に従ってこの変化を示すと次のようになる。

元和七年（一六二一）、石鳥居の東、今の御仮殿の地に天海大僧正の本坊が造営され、翌八年に秀忠が東照大権現七回忌のため社参したときにはこの本坊を宿所とした。

それから五年後の寛永三年（一六二六）十一月十六日、中山の釈迦堂から出火し、本坊と藤堂高虎の寺が焼失した。本坊が焼失したことにより天海はこの年の十二月に日光に来たとき座禅院を宿所とした。

寛永三年十一月十六日、当山中山釈迦堂ヨリ出火、大僧正新造ノ本坊并藤堂高虎新造ノ寺焼失。依之極月大僧正御登山ノ節ハ、座禅院ニ被為入。

（「旧記」）

藤堂高虎はこれまで述べてきたように日光東照社の縄張りから造営に至るまで尽力したが、天海に隠れてその知名度は低く、山内に高虎の寺があったことを知る人は少ない。

文化九年（一八一二）に成立した「寛政重修諸家譜」によれば、高虎が日光山に寺を建立したのは元和三年のことであり、寺名は眞覚院であったとされる。

（元和）三年霊柩すでに日光山にうつされ、台徳院殿御詣のとき高虎したがひたてまつる。このとき高虎かの地に一宇を建立し、眞覺院と號す。

元和三年、期せずして関ヶ原合戦で活躍した黒田長政は日光山内に石鳥居を奉納し、大坂夏の陣で功をあげた藤堂高虎は日光山内に高虎の寺を建立したのであった。

奥の院（奥社）

古図の本社右上に見えるのが奥の院である。奥の院の中心に⑮木造の多宝塔とその前面に⑯拝殿が描かれている。

家康の柩は元和三年四月八日に奥の院の廟窟の地下深く埋葬された。このときは廟窟のみが完成したにすぎなかったようである。本格的な奥の院の造営は元和七年から翌八年春にかけて行われた。このとき木造多宝塔が新たに造営され、拝殿は前述のように光明院跡に造営された中井正清作の御仮殿拝殿が移築された。

元和八年四月には秀忠を迎えて奥の院廟塔で戒灌頂の儀式が行われた。このときの大工頭は「国師日記」から鈴木長次であったことが確認できる。

奥の院の木造多宝塔は寛永十八年（一六四一）に石造りの宝塔に取り替えられ、拝殿とともに世良田に移築された。

世良田長楽寺の記録によれば、この木造多宝塔は明治九年に神仏分離の影響により当時の住職が売却してしまったという。

この多宝塔内部には木村了琢筆と伝えられる八枚の彩色画の壁画「法華説相図」が掲げられていた。幸いにもこの見事な壁画は残され、現在世良田東照宮の隣にある群馬県太田市新田荘歴史資料館に保存されている。

寛永十八年建立の奥の院石造宝塔は、天和三年（一六八三）五月に日光地方を襲った大地震で倒壊し、青銅宝塔に造り替えられた。これが現在の宝塔である。

骨堂と功臣の墓碑

奥の院西側の林のなかに小さな建物が見える。これが寛永二年に天海が奥の院傍らに建てた⑰骨堂と考えられる。伝記には名古屋城主徳川義直の付家老であった成瀬隼人正正成が登場する。

寛永二年、日光山奥院側欲建骨堂、（中略）成瀬隼人正正成江戸而殂落、仍命其子欲寄遺骨於日光山、于時前一日、海師動哀舌曰、成瀬隼人正死去、送遺骨於此山、（以下略）

（「東叡開山慈眼大師伝記」）

成瀬正成は元和三年に尾張犬山城を預けられ知行三万石をえた。寛永二年（一六二五）正月十七日、江戸で死去し、下総栗原の宝成寺にて火葬、遺言により遺骨を日光家康御廟の傍らに埋めた。のちに徳川義直は自ら名古屋に正成のための白林寺を建立した。成瀬家に伝わる「成瀬家世譜国字伝」にもこんな記事がある。

日光山明道院石碑銘
白林院直指宗心居士
寛永二年正月十七日　成瀬隼人正正成
はしめ遺骨を日光山　御廟の瑞籬のかたハらにうつむ、後触穢の事によって明道院（妙道院）に改葬す、

慈眼大師伝記と成瀬家の記録は一致しており伝記の記述は信頼できる。この骨堂が寛永二年に建立されたことが確認できれば古図が描かれた時期は寛永二年以降ということになる。

寛永二年の骨堂の記事と前記の「参道両側の建物の変遷」を重ね合わせてみると、古図が描かれた時期は寛永二年から翌寛永三年十一月の間に絞り込むことができる。この古図が寛永初年頃の作といわれる伝承も真実味をおびてくる。

次に骨堂周辺に⑱石塔群が見えるが、これは成瀬家の記録に石碑銘とあるように家康譜代の家

石塔、前が藤堂高虎、後が成瀬正成（釈迦堂）

臣たちの墓碑であったと考えられる。

これらの石塔群は寛永十三年の造替時に奥の院下に下ろされ、妙道院が管理するようになった。その後慶安四年（一六五一）に家光が亡くなると殉死者が出て田母沢の釈迦堂に五人の殉死の墓が建てられた。承応二年（一六五三）には奥の院下にあった家康功臣の石塔が殉死の墓と同じ釈迦堂に移され現在に至っている。

現在の釈迦堂には藤堂高虎の石塔の後ろ、後列右から二番目の墓標に成瀬正成の「白林院直指宗心居士」と刻まれた高さ三メートル五七センチの石塔がある。これだけ大きな石塔である故に古図にも描かれたのであろう。

なお藤堂高虎は寛永七年（一六三〇）十月五日、七五歳で死去した。

東照社地の形状

現在の東照宮境内は石鳥居を過ぎてから、いわゆる千人枡形を通り抜け、表門の高い階段を上り、さらに表門を抜けてから左折し、さらに右折して行くと銅鳥居に達する。しかし古図を見る限り、二つの鳥居の間はなだらかな線で結ばれ、表門も、左右の大石垣も見当たらない。

表門と左右の大石垣は寛永造替のときに築かれたもので、元和東照社の場合は古図にみられるように銅鳥居まではゆるやかな坂道であった。

東照社以外の建造物

古図には中世から続く東照社以外の建物が見える。主要な建物について解説する。

⑲常行・法華堂

東照社の左に二つ並ぶ建物が見える。左は常行堂、右が法華堂である。両堂は日光山第一六代別当聖宣により久安元年（一一四五）に創建された。

元和二年に藤堂高虎らが縄張りを行った頃には東照社造営予定の地内にあったため、三仏堂と東照社の間に移すこととなった。

東照社が完成し正遷宮が執行されたのちの元和五年（一六一九）九月、秀忠によって古図に見える常行・法華堂が再建された。大工頭は鈴木近江守長次であった。

次いで慶安二年（一六四九）、家光によって二荒山神社前の現在地に移築された。これが現在の常行・法華堂である。

元和五年にこの常行・法華堂が再建されたことは現在の常行・法華堂にある次の陰刻銘文から確認できる。

「小屋真束の陰刻銘文」

元和五年
御建立　征夷大将軍源秀忠公
九月　日
御奉行下野国足利住人小林十郎左衛門尉藤原朝臣重信
御大工遠江国浜松住人鈴木近江守藤原朝臣長次
御小工三河国住人鈴木三郎左衛門尉藤原朝臣長吉

⑳三重塔

常行・法華堂と三仏堂の間に見えるのが三重塔である。この塔は仁治二年（一二四一）に日光山第二十四代別当弁覚が実朝の菩提を弔うため新宮の側に建立したと伝えられる。古図にある塔は中世以来の塔であったが、正保二年（一六四五）に四本龍寺の東方に移築し、その後貞享元年（一六八四）に焼失、翌二年に再建された。これが現在の本宮にある三重塔である。

㉑三仏堂（金堂）

三重塔の西側に見える大きな建物が中世以来の三仏堂である。弁覚が三重塔建立後に再興したと伝えられており、「当山秘所」には千手観音は結城朝光（一一五三没）、阿弥陀如来は笠間時朝（一二六五没）、馬頭観音は笠間時朝の女が旦那となり修造したと記されている。

ところがこの古図が描かれたのちの寛永十九年（一六四二）に大雪によって破壊され、正保四年（一六四七）に再建された。さらに明治に入ると神仏分離の影響により明治十二年（一八七九）、現在地に移された。これが現在修復中の三仏堂である。

㉒二荒山神社新宮

新宮は聖宣の時代の創建と伝えられるが、新宮の本殿は秀忠が元和五年九月に造営したものである。現存する本殿棟木の刻銘に、「元和五年九月、奉行夏目木工左衛門吉次、御大工鈴木近江守長次、御小工深見七右衛門正吉（以下略）」と刻まれており。元和五年の建物であることがわかる。常行・法華堂と同時期にこの本殿が造営され、現在に至っている。

なお現在の新宮拝殿は正保二年（一六四五）に造営されたものである。

その後の日光東照社

三代将軍家光は寛永十一年（一六三四）九月、日光社参の折、東照社の全面的な造り替えを決意したといわれている。これは日本の古い神社で行われていた式年遷宮の制度に従ったもので、当時の記録も中世以来久しく途絶えていた造り替えの古式を復興したと記している。また家康の二一回神忌（寛永十三年）の祭礼に備えるものでもあった。（「日光山御神事記」）

この造替工事を取りしきる造営総奉行には秋元但馬守泰朝、大工は甲良豊後宗広が任命された。工事は寛永十一年十一月十七日に始まり、寛永十三年（一六三六）四月に完成、同月八日に上棟、同月十日に将軍家光を迎えて正遷宮式が執り行われた。これが寛永の大造替とよばれるもので元和創建の建造物は三神庫のうちの中神庫と奥の院を除いてすべて撤去され、新しく造り替えられた。

本社と同じ敷地内にあった本地堂は現在地に移され、社地は現在の表門（仁王門）附近から陽明門にかけて大がかりな土盛・石垣工事が行われた。建築物には彫刻が豊富に施され、今日みられるような新しい絢爛豪華な東照社が出現した。

寛永十九年には奥の院の工事が完成し、秋元但馬守は同年九月付で工事報告書ともいえる膨大な「東照大権現様御造営御目録」を幕府に提出した。この目録が秋元家に残されていたので私たちは寛永大造替全体の内容を知ることができる。

この報告書の最後に、造り替えを行った建造物は三五か所、要した費用は「五拾六万八千両也、銀百貫目、米千石也」とある。これらすべてが幕府から支出されたのも寛永大造替の特徴である。

このように寛永の大造替は元和東照社の景観を一新するものであり、元和当時の姿を伝える「日光山古図」はまさに貴重な史料といえよう。

秋元泰朝同様、家康の側近であった松平正綱は寛永二年頃から日光へ向かう三街道（日光街道・例幣使街道・会津西街道）の両側に杉を植え始め、二十有余年かけて延べ三七キロメートルの植樹を完了した。

寛永二十年（一六四三）十月二日、天海が寛永寺で天寿を全うした。葬地は遺言により家康の眠る日光山の大黒山と定められており、家康の月命日である同月十七日に埋葬された。埋葬地には慈眼堂が造営され、慶安元年（一六四八）には故天海に慈眼大師号が追贈された。

正保二年（一六四五）十一月、後光明天皇より日光東照社に宮号宣下があり、以後日光東照社は日光東照宮と呼ばれるようになる。

慶安四年（一六五一）四月二十日、三代将軍家光が四八歳で死去した。家光の場合も天海同様遺言にもとづき五月六日に慈眼堂傍の大黒山山頂に埋葬され、大猷院廟が造営された。

承応三年（一六五四）にはそれまで檜皮葺《ひわだぶき》であった本社・唐門・陽明門・本地堂が火災予防のため銅板瓦葺きに改造された。

その後も造替時の景観が損なわれないよう元禄の大修理をはじめとする幾多の修理が続けられ、今も平成の大修理が行われている。

付　章　第二章以降に採用した一次史料と著者紹介

「本光国師日記」金地院崇伝（一五六九―一六三三）

江戸時代前期の臨済宗僧侶。以心崇伝・伝長老ともいわれる。慶長十年（一六〇五）三月から臨済宗京都五山の上の寺格にある南禅寺の住持となり同寺の復興を成し遂げた。崇伝は南禅寺の塔頭寺院の一つである金地院に住んだが、相国寺の鹿苑僧録である西笑承兌と親しかった関係で徳川家康と接近する機会をえ、慶長十三年に家康の招きを受けて駿府に赴いた。

駿府では外交文書をつかさどり、幕府の外交事務のほとんどは崇伝の手によって行われたという。

慶長十五年（一六一〇）四月、崇伝は駿府に金地院を開き、さらに同十七年八月には家康の命を受け、京都所司代の板倉勝重とともに寺社行政の事務にあたった。勝重との頻繁な書状のやりとりがみられるのもこのような親密な関係による。

翌十八年からは家康の参謀役をつとめるようになり、のちに黒衣の宰相と呼ばれるなど憎まれ役を買ったが、幕府に対する功績はきわめて大きかった。

家康の死後、吉田神道を支持して天海と争って敗れたが、なおも幕府の中枢にあって外交・寺社行政など幕府政治に関わった。

元和五年（一六一九）には家康の生前に約束されていた江戸に金地院を開いた。また五山・十刹《じっさつ》（臨済宗で五山に次ぐ寺格の大寺）・諸山の住持の任免権などをもつ僧録に任じられ、禅院行政の実権を掌中におさめた。

寛永三年（一六二六）十月、後水尾天皇から円照本光国師の師号を賜ったが、翌四年に紫衣事件に関与した大徳寺の沢庵らの厳刑を主張したため、世の批判を受けることになる。寛永十年（一六三三）十月三日、江戸の金地院において六十五歳で死去した。

原本は京都南禅寺金地院に所蔵されているが、崇伝が残した日記は自ら出した書状の留め書きを含み、しかも大部分が自筆であり、国の重要文化財に指定されている。

「舜旧記」梵舜（一五五三―一六三二）

安土桃山時代末期から江戸時代前期にかけての神道家であり僧侶でもあった。京都山下の神竜院住職でもあったので通称神竜院ともいう。室町時代中期に吉田兼倶《かねとも》が大成したとされる吉田神道を引き継ぐト部《うらべ》吉田家の人で父は吉田兼右、兄は神道管領吉田兼見である。

梵舜と家康の初めての出会いは古く秀吉死去直前の慶長三年（一五九八）七月であった。家康の死の直前まで家康との交流は続いたが、家康の死後、梵舜は崇伝の支持をえて天海と神号をめぐって論争し、敗れた。一方で梵舜は兼見亡きあとの吉田神道相伝の危機に際して大きな功績をあげた。寛永九年（一六三二）十一月に八十歳で死去した。

梵舜の日記「舜旧記」の記事は概して簡略ではあるが、家康の遺骸が吉田神道によって久能山に葬られてから天海との神号論争に敗れるまでの記録は本書に欠かせない史料である。

「慈性日記」慈性（一五九三―一六六三）

天台宗の門跡寺院青蓮院の院家尊勝院の第二十二代住持。慶長五年に尊勝院に入室し、同十二年には家康の命により多賀大社別当不動院を兼帯している。慈性の父は日野大納言資勝卿。

多賀大社は滋賀県犬上郡多賀町にあり、伊弉諾尊《いざなぎのみこと》と伊弉冉尊《いざなみのみこと》を祀り、延命長寿の御利益があるとされる。徳川幕府は朱印三五〇石を寄進し、領主の彦根藩主井伊直孝も一四〇石余の領地を与えている。

慈性は天海とも親密な関係にあり、家康の死の直前から秀忠が朝廷に奏上する権現号を決定するまでの間、天海に付き添った。

原本は所在不明であり、本書使用の日記は慶安二年（一六四九）以降に原本を抜き書きした安養寺本による。

天海は自分の行動を著さない人物であったから、「慈性日記」は天海の行動を知るうえで貴重な史料である。

「丙辰紀行草案　久能宮」林羅山（一五八三―一六五七）

江戸時代前期の儒者。幕府儒官林家の祖で名は信勝、僧名は道春。

京都建仁寺の僧であったが、早くから朱子学を学び、藤原惺窩《せいか》の門人となった。慶長十年（一六〇五）に二条城で家康に謁見して学識を認められ、同十二年に江戸で秀忠に謁見後、駿府の家康に仕えて僧形となり道春と称した。その後秀忠・家光・家綱に仕え、外交文書や諸法度の起草にあたり、幕政の整備につとめた。羅山は古今の和書（和文の書）・漢籍（漢文の書）に通じ博学多識で漢籍の出版や経書（儒学の経典）の講義を行うなど、大きな足跡を残した。

「小槻孝亮宿弥日次記」小槻孝亮（一五七五—一六五二）

平安時代末期以降、太政官の官務をつかさどり、左大史を世襲した壬生家（本姓小槻氏）の人。壬生家は代々宿弥記という日記を記録し、その自筆本が宮内庁書陵部に所蔵されている。安土桃山時代末期から江戸時代初期にかけて記した孝亮の日次記は、当該期の朝幕関係を知るうえで貴重な存在である。

「日野大納言資勝卿記抄」日野資勝（一五七七—一六三九）

江戸時代初期の公卿。父は輝資。慶長十六年（一六一一）権中納言に進み、同十九年には権大納言に昇進した。元和三年（一六一七）の日光東照社遷宮に際しては日光に下向し、旅の行程や日光での祭事、法事等に列席し、その日の天候や行事の様子を詳細に日記に書き留めた。本書の日光山における正遷宮等の記述はこの「記抄」を底本としている。

現在原本は紛失しており、本書で採用した記抄は明治十二年に柳原前光蔵本を謄写し、校合したものである。

その後資勝は寛永七年（一六三〇）に朝廷の要職である武家伝奏に任じられ、寛永九年、同十三年にも日光を訪れた。寛永十六年六月十五日に六三歳で死去、法名は涼源院。

「泰重卿記」土御門泰重（一五八六－一六六一）

江戸時代初期の陰陽家。安倍晴明子孫の十九代土御門左衛門佐久脩の子。慶長十七年（一六一二）中務大丞、以後中務少輔、左衛門佐、左兵衛督、天文博士を歴任した。泰重卿記の自筆本が宮内庁書陵部に所蔵されている。

「言緒卿記」山科言緒（一五七七－一六二〇）

山科《やましな》家は藤原北家四条流で羽林家の家格をもつ。家業は天皇や皇族の装束・供御を奉仕する役で、言緒の最高位は参議であった。

当家は日記が多く伝存していることで有名。代々の日記は内閣文庫・宮内庁書陵部・東大史料編纂所などに現存している。

「日光山紀行」烏丸光広（一五七九－一六三八）

慶長十四年（一六〇九）に左弁官に進んだが、同年七月に女官との遊興事件（猪熊事件）に座して官を止められた。しかし同十六年に許されて元和二年（一六一六）に権大納言に昇進した。

翌元和三年三月、光広は朝廷を代表して家康の柩を久能山から日光山へ改葬する行列に参加した。日光山紀行はこの改葬の模様を光広が記したもので、国内で改葬を記録した一次史料はほかになく、幕府が正史として編さんした貞享元年（一六八四）成立の「東武実録」や嘉永二年（一八五五）に成立した「徳川御実紀」にもこの紀行文が引用されている。

「中井家文書」中井正清（一五六五―一六一九）

永禄八年大和法隆寺に生まれ、関ヶ原合戦以前は父正吉に従って豊臣家の工匠として働いていた。関ヶ原合戦以降、家康に召し抱えられて五畿内近江六か国の大工・大鋸支配を仰せ付けられた。慶長十一年（一六〇六）に従五位下大和守に任じられてからは幕府の作事に携わり、同十四年にはそれまでの五〇〇石から一〇〇〇石に加増された。

正清が手がけた工事は伏見城・二条城・知恩院・江戸の町割・増上寺・江戸城・駿府城・名古屋城・仙洞御所・女院御所・内裏・方広寺・法隆寺・相国寺・久能山廟・日光廟など慶長七年から元和にかけての幕府の重要な建築工事のすべてにわたっている。

正清は家康の後を追うように元和五年（一六一九）正月、近江国水口で死去した。享年五五歳。

参考文献

東京大学「大日本史料第十二編之二三〜二八」東京大学史料編纂所
平泉澄編「東照宮史」別格官幣社東照宮社務所　一九二七
辻善之助「日本仏教史近世篇之二」岩波書店　一九五三
海原三千外「津市史第一巻」津市役所　一九五九
中村孝也「徳川家康公伝」東照宮社務所　一九六五
寛永寺「慈眼大師全集　上下」国書刊行会　一九七六
日光市史編さん委員会「日光市史中巻」日光市　一九七九
中村孝也「徳川家康文書の研究」日本学術振興会　一九八〇
浦井正明「もうひとつの徳川物語」誠文堂新光社　一九八三
鈴木棠三外「近世庶民生活史料、鈴木修理日記」三一書房　一九九七
松浦浩道「東都金地院略史」勝林山金地院　一九九八
上野市古文献刊行会「高山公実録下巻」清文堂出版　一九九八
菅原信海「日本人の神と心」法蔵館　二〇〇一
小林清治「奥羽仕置と豊臣政権」吉川弘文館　二〇〇三

笠谷和比古「関ヶ原合戦と大坂の陣」吉川弘文館　二〇〇七
曽根原理「神君家康の誕生」吉川弘文館　二〇〇八
山澤学「日光東照宮の成立」思文閣出版　二〇〇九
宇高良哲「南光坊天海の研究」青史出版　二〇一二
有本修一「喜多院（上）歴史」さきたま出版会　二〇一二
野村玄「天下人の神格化と天皇」思文閣出版　二〇一五
山本博文外「徳川家康の古文書」柏書房　二〇一五
大河直躬「大日光二二～二三―奥社について―」日光東照宮
大河直躬「大日光二四～二六―元和創建時東照宮の建築について―」日光東照宮
大河直躬「大日光二九～三〇―元和創建の東照宮本社について―」日光東照宮
内藤晶「大日光三八―元和創建日光東照宮と中井大和守正清―」日光東照宮　一九七二
佐藤則武「大日光八〇―東照宮中神庫修理概要報告―」日光東照宮　二〇一〇
田邉博彬「日光山麓史―下野国板橋を取り巻く世界―」随想舎　二〇一二
田邉博彬「大日光八三―日光御神領拡大の変遷―」日光東照宮　二〇一三
田邉博彬「大日光八四―日光東照宮元禄の大修理と長畑産の亀腹石―」日光東照宮　二〇一四

あとがき

私が生まれた日光市板橋は中世期に山城があり、近世初期には一万石大給松平氏が館を構えたところである。そんな関係から歴史に興味を覚え平成二十年に初めて地元の歴史を綴った『板橋の歴史』を出版した。自信を持って送り出したはずであったが、検証したところ誤りが多いのに気がついた。その原因は戦国期や江戸時代初期のできごとを江戸後期に成立した戦記物や明治時代以降に書かれた書物及び編さん物を参考文献としたことにあった。これまで当地で定説となっていたことが、当時の書物や日記、いわゆる一次史料によってすでに覆されていたのである。これを挽回しようと思い執筆したのが五年前に出版した『日光山麓史』である。

昨年、私は家康が居城としていた岡崎城、浜松城、静岡市の駿府城、そして死後に葬られた久能山東照宮をめぐる一泊二日の旅に出た。

続いて秀忠の埋葬地である芝の増上寺、同じく芝の金地院を訪ねた。金地院の住職からは江戸での最初の金地院は元江戸城内にあったとの情報をえた。またこの日は皇居つまり江戸城跡に赴き写真に収めた。これで家康が本拠とした居城はすべて廻ったことになる。

今年に入って群馬県太田市の世良田東照宮、金山の大光院を訪れた。双方二度目の訪問であったが、今回は世良田の拝殿は中井正清の作なのか、また大光院は家康が旧跡調査を行い建立した寺院なのかを確認するためであった。どうやら史料と現地の実態が一致しなければ納得できない性分らしい。

当時の事情を知るにはまず史料収集から始めなければならない。これが一番重要でかつ困難な作業であった。私が本格的に史料を収集し始めたのは『日光山麓史』を執筆したときであるからはや六年が過ぎようとしている。

史料収集といっても簡単に入手できるものは近辺になかった。そこで役立ったのが大正時代に東京帝国大学史料編纂掛（現在の東京大学史料編纂所）が発行した「大日本史料」である。そこには多くの史料が編年体で収録されていた。

しかし大日本史料に掲載されている記事だけでは前後の関係がわからない。掲載されている史料名を頼りに栃木県立図書館に何度も通い、家康の側近でなければ著せない「当代記」や「駿府記」、当時現場に立ち会っていた著者が記した「家忠日記」、「慶長記」、「本光国師日記」、「舜旧記」、「慈性日記」、「中井家文書」など、多くの貴重な史料を収集することができた。県立図書館に史料がない場合には図書館に手配していただき閲覧することができた。「慈眼大師全集」「高山公実録」などである。

さらに国立公文書館に足を運び、日光東照社を述べる上には必見の「日野大納言資勝卿記抄」、「小槻孝亮宿弥日次記」を収集した。

また一昨年来聖地日光を執筆してきた下野新聞社の綱川榮氏には取材で我が家に来る度に他県

の情報を教わり、栃木県立博物館の江田郁夫氏からは私が理解できなかった家康来宇の助言をいただいた。日光東照宮には「東照大権現様御造営目録」「伊達治家記録」や本書に欠かせない貴重な画像を提供していただき、本書出版にあたっては随想舎の石川栄介氏のお世話になった。

浅学非才の私がこうして出版にこぎつけたのも多くの皆様のおかげであり、加えて私の出版に理解を示し各地の取材にも同行してくれた妻の助けもあった。

改めて協力して下さった皆さんに感謝申し上げたい。

平成二十八年三月

著　者

著者略歴

田邉博彬（たなべ　ひろあき）

1945年、栃木県上都賀郡落合村大字板橋（現・日光市板橋）に生まれる。
東京教育大学（現・筑波大学）農学部農学科卒業後、栃木県農協中央会勤務。
退職後、農林業に従事。

著書　『日光山麓の郷　板橋の歴史』『翻刻　日野大納言資勝卿記抄』
　　　『日光山麓史　下野国板橋を取り巻く世界』
論文　「日光御神領拡大の変遷」（『大日光 83』）
　　　「日光東照宮元禄の大修理と長畑産の亀腹石」（『大日光 84』）

現在　栃木県日光市板橋在住。

徳川家康と日光東照社

2016年5月20日　第1刷発行

著　者●田邉博彬

発　行●有限会社 随想舎
〒320-0033 栃木県宇都宮市本町10-3 TSビル
TEL 028-616-6605　FAX 028-616-6607
振替 00360－0－36984
URL http://www.zuisousha.co.jp/

印　刷●モリモト印刷株式会社

装丁●栄舞工房
定価はカバーに表示してあります／乱丁・落丁はお取りかえいたします

ISBN978-4-88748-324-8